TYPOGRAPHIE DE CH. LAHURE
Imprimeur du Sénat et de la Cour de Cassation
rue de Vaugirard, 9.

DE LA

POLITIQUE MÉDIATRICE

DE

L'ALLEMAGNE

PAR

M. ERNEST CRAMPON

Auteur de la *Neutralité de l'Autriche dans la guerre d'Orient*

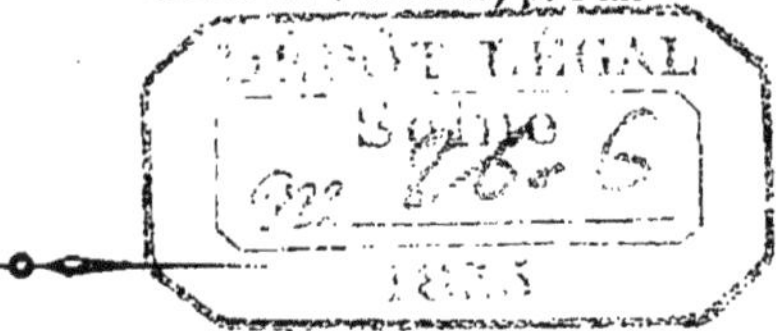

> Avec la Russie vaincre n'est rien,
> signer la paix est tout.
> L'abbé baron de PRADT.
> *Hist. de l'ambassade dans le grand-
> duché de Varsovie*, p. 142.

PARIS

LIBRAIRIE D'AMYOT, ÉDITEUR

8, rue de la Paix

—

M.DCCC LV

DE LA
POLITIQUE MÉDIATRICE
DE L'ALLEMAGNE.

I.

Coup d'œil préliminaire sur la guerre d'Orient.

Faible pour l'attaque et faible pour la défense, telle a paru la Russie devant les murs de Silistrie et derrière ceux de Bomarsund. Les engagements sur le Danube, mêlés pendant près d'un an de succès et de revers, se sont terminés par une évacuation, fort inattendue, dont le caractère politique ou militaire ne sera jamais bien défini. Les opérations plus importantes dont la Crimée est devenue le théâtre, n'offrent encore aucun résultat définitif. La Russie paraît y avoir la supériorité du nombre; mais cette force ne lui a jamais été contestée, et ne lui sert aujourd'hui qu'à se défendre. Ainsi, cet

État puissant, que le jargon bizarre des pamphlé-
taires désigne sous les noms de *colosse moscovite*,
géant asiatique, etc., loin de marcher à la conquête de l'univers, a non-seulement décliné devant l'Europe l'honneur périlleux de l'offensive,
mais encore abandonné au midi un gage précieux,
et perdu au nord un bon poste maritime.

Sous le rapport diplomatique, le cabinet de Saint-
Pétersbourg ne s'est montré ni plus entreprenant
ni plus opiniâtre. Oublieux des saines maximes de
sa politique de 1840, il avait, à l'origine du présent conflit, exprimé la volonté formelle de dé-
battre isolément ses intérêts avec la Turquie, volonté qui couvrait sans doute l'espoir de les régler
à sa guise. Cette résolution, maintenue d'abord
contre les justes et unanimes observations des
cours de l'Europe, semblait inébranlable. Elle fut
entamée pourtant, et dans le courant du mois de
juin dernier, nous avons vu la Russie adhérer au
principe d'une délibération collective, et même
accepter parmi les quatre bases de négociations
posées par les puissances occidentales, présentées
par l'Autriche et appuyées par la Prusse, celles
qui lui semblaient logiquement déduites du protocole du 9 avril et compatibles avec sa dignité.
Enfin, par la dépêche du 28 novembre, elle accepte

les quatre points, sans distinction, et tels qu'ils ont été formulés dans la note synallagmatique du 8 août. Mais, dans l'intervalle, les quatre points avaient changé de nature. De simples points de départ qu'ils devaient être pour les négociations, ils se sont transformés en autant d'*ultimata,* dont les alliés de la Turquie se réservent de donner l'interprétation. La cour de Russie se croira-t-elle tenue d'accepter un traité de paix qui semblerait placer sa diplomatie dans une sorte d'infériorité?... Mais, sans parler des concessions à venir du cabinet de Saint-Pétersbourg, bornons-nous à rappeler celles qu'il a déjà faites. Ces concessions, toujours trop tardives pour mettre un terme aux hostilités, ne sauraient pourtant être oubliées, et ce ne serait peut-être pas montrer un véritable esprit de conciliation que de les croire absolument dictées par l'esprit contraire. Quoi qu'il en soit, faiblesse réelle ou modération, l'attitude militaire et diplomatique de la Russie se résume par un mot : la Russie bat en retraite. Les politiques ardents de la Grande-Bretagne se trouvent donc aujourd'hui dans l'alternative fâcheuse, ou de s'être trompés sur la force de la Russie, ou de s'être trompés sur son ambition. S'être trompé à la fois des deux côtés formerait une troisième alternative.

Il résulte, à notre sens, de l'ensemble des faits connus que les meilleurs diplomates, au nombre desquels se trouvent les membres de la conférence de Vienne, avaient raison de croire[1] à la parfaite bonne foi de l'empereur Nicolas manifestant à plusieurs reprises, par ses proclamations à son peuple ou par l'organe de son chancelier, l'intention de respecter l'intégrité territoriale de l'empire turc et l'indépendance relative du grand-seigneur. L'étendue de ses ressources disponibles en hommes et en argent, la disposition de ses troupes et surtout l'état de ses rapports diplomatiques avec les cours de l'Allemagne au début de la crise, ont prouvé, ce semble, que le tzar n'avait point en vue ces projets grandioses que l'opinion publique lui prêtait et lui prête encore, parce qu'ils sont dans la destinée, ou, pour mieux dire, dans la légende de sa race. Or, quand les masses se mettent à faire de la politique, elles y entrent par la légende plus que par la raison. Mais la prudence et l'habileté de l'auguste défunt n'excluent-elles point de sa part l'idée de s'embarquer dans une entreprise qu'il ne se serait pas mis préalablement en mesure de mener

1. Voir les protocoles de la Conférence et en particulier celui du 9 avril.

à bonne fin? Frappé de la complaisance du divan et de sa déplorable habitude de promettre tout à tous contradictoirement; alarmé par les concessions faites à la démocratie européenne dans l'affaire des réfugiés, à la France dans celle des Lieux Saints, à l'Autriche dans celle du Monténégro, à l'Angleterre, en Égypte, et simultanément à la Prusse et à l'Angleterre, en Palestine, où l'établissement d'un évêché protestant fit, il y a quelques années, surgir un troisième protectorat religieux[1], l'empereur Nicolas a pu craindre un instant que sa légitime part d'influence en Orient ne fût compromise dans ce conflit de volontés étrangères; et voyant l'autorité gouvernementale de la Sublime Porte comme mise au pillage, il lui a sans doute paru nécessaire d'intervenir à son tour, et de réclamer, si j'ose dire, sa part de butin. Un homme de guerre, M. le prince de Menzikoff, fut chargé de cette commission et débarqua, comme on sait, à Constantinople. Mais la brèche ouverte par le lord de Redcliffe, par M. de

1. Cette intervention du protestantisme en Orient s'est encore manifestée depuis par la création prussienne d'un ordre protestant de Saint-Jean de Jérusalem, création d'une légitimité douteuse, puisque l'Ordre s'est perpétué à Rome et en Autriche, dans la pureté de son institution primitive et latine.

Linange et par M. de Lavalette , ne fut point assez
large pour cet ambassadeur extraordinaire. Le
divan s'effraya et se roidit d'avance; l'opinion publique en Europe s'émut; les Grecs s'enthousias-
mèrent et se livrèrent à des manifestations intem-
pestives et coupables; le plénipotentiaire notifia
au lieu de persuader; on lui avait recommandé
d'être ferme : il fut maladroit.

Il convient à une république de désavouer et
briser ses ministres. Sous cette forme précaire de
gouvernement qui fractionne et anéantit l'autorité,
il est aussi naturel de ne pas savoir commander
que de ne pas savoir obéir. Les pouvoirs sont di-
visés ; le législatif a un avis, l'exécutif en a un autre.
Les ordres s'entre-croisent ou le même ordre est
donné dans un esprit différent ; les administrations
se succèdent avec rapidité ; une mission commencée sous un ministère se poursuit sous un ministère
antagoniste : l'ambassadeur est bien embarrassé[1].
Dans la monarchie, dont il était réservé à un ré-
publicain de donner la plus belle image, la pensée
souveraine s'élabore et jaillit aisément; les ordres
se donnent et s'exécutent. « Archimède , dit Jean-

___

1. Voir les Mémoires de M. Ferdinand de Lesseps : *Ma
mission à Rome , Réponse au ministère;* Paris, 1849.

Jacques Rousseau , assis tranquillement sur le ri-
vage et tirant sans peine à flot un grand vaisseau ,
me représente un monarque habile, gouvernant de
son cabinet ses vastes États et faisant tout mouvoir en paraissant immobile. » Ainsi, dans la
monarchie, l'unité d'impulsion crée l'harmonie
des mouvements. Mais que cette harmonie se trouve
une fois rompue, qu'un ambassadeur, par exemple, interprète mal ses instructions et donne à la
voix de son maître un accent trop grave, tout est
si bien lié dans ce système, les liens du gouvernement royal rattachent et protégent si fortement
le souverain et les sujets, que ceux-ci se voient sou-
tenus, même dans leurs écarts. M. Menzikoff ne
fut point rappelé. On lui fournit successivement de
Saint-Pétersbourg des notes qui simplifièrent son
rôle en l'adoucissant. Je n'entrerai point dans l'a-
nalyse de ces documents. Mais si l'on s'applique à
en dégager la pensée première et personnelle de Sa
Majesté l'empereur Nicolas, on sera, je pense,
amené à reconnaître qu'il n'eut point l'intention
de parler en maître à Constantinople, mais l'intention d'y réclamer seulement sa part de tutelle ;
qu'il voulut resserrer des liens anciens sans en
contracter de nouveaux, faire acte de présence et
non pas de conquête.

La Russie n'était pas prête pour une guerre de conquête. Elle avait pourtant de quoi faire face à tout événement, c'est-à-dire un effectif respectable et ces approvisionnements que doit toujours se ménager un État prudent. Attendre que le moment de la lutte soit venu pour organiser des services qui ne fonctionnent bien qu'à la longue et débutent par des écoles, c'est compromettre sa cause et parfois celle des autres. Cette faute n'est point de celles qu'on commet sur le continent et en Russie moins que partout ailleurs. Si donc le tzar avait manqué de modération, qui l'eût empêché d'agir quand même à l'ouverture de la crise et d'accepter des mains du public les grands projets qu'il n'avait pas? La Russie privée du concours ou de l'appui tacite de l'Autriche ne peut, j'en conviens, s'établir solidement sur le Danube. Mais, sans prétendre aux avantages d'un établissement définitif, elle pouvait, dans l'été de 1853 ou le printemps de 1854, tenter une pointe sur Constantinople et renouveler à l'improviste le hardi coup de main qui valut au maréchal Diebitsch le glorieux surnom de *Zabalkanski*. L'Europe était surprise, la Turquie décidée mais non pas prête à résister; l'Allemagne en partie sympathique ; l'Autriche lancée la veille dans la même voie se repliait à peine sur elle-même ; l'Angleterre, partagée entre deux influences parlementaires, balançait encore ; la France confiante comme toujours, modérée comme toujours, s'épuisait en amicales représentations ; les emprunts qui ont accumulé tous les capitaux de l'Europe dans des mains neutres ou hostiles n'étaient encore ni effectués ni décrétés ; les pachalicks mis depuis en réquisition étaient hors d'état de fournir aucune ressource immédiate ; les escadres occidentales, alors peu considérables[1], ne

---

1. « Le danger même aujourd'hui ne vient pas tant de l'ambition des puissances du Nord que de *l'impuissance de la Turquie, de l'impossibilité où elle serait de se défendre avec quelque succès contre un adversaire résolu. En ce moment les bâtiments de guerre qui composent la flotte turque ont pris leur quartier d'hiver et sont désarmés. Entre Constantinople et la Moldavie on ne trouverait pas un corps d'armée capable d'arrêter la marche d'une armée d'invasion. Les misérables ressources du Grand-Turc viennent d'être dissipées dans l'absurde campagne du Monténégro.*

« Ces circonstances, et bien d'autres, sont connues de la diplomatie, et si la cour de Saint-Pétersbourg était résolue à suivre ses avantages jusqu'au bout, son succès serait complet ; mais nous pensons que la Russie ne veut pas pousser les choses à l'extrême.

« Une simple démonstration des flottes occidentales à l'embouchure des Dardanelles, ne ferait qu'augmenter ses

pouvaient d'ailleurs protéger l'empire contre l'attaque d'une armée de terre, et l'armée turque, à peine rassemblée, manquait encore de cette confiance qui donne le courage. Elle l'a depuis noblement acquise ; je pense pourtant que les étrangers ont plus de confiance en l'armée turque que l'ar-

chances sans apporter aucun obstacle aux progrès de sa politique.

« Les négociations qui ont suivi l'indépendance de la Grèce montrent que des difficultés, pareilles à celles d'aujourd'hui, ont été résolues par le concert diplomatique et *l'emploi de tout autre moyen* serait surtout fatal à l'existence de cet empire agonisant, dont certains hommes d'État croient qu'il est encore utile de protéger l'hypothétique vitalité. » (*Times* du 23 mars 1853.)

Sur la situation respective des forces de la Russie et de la Turquie, le tzar partageait cette opinion :

« Vous voyez comment je me conduis avec le sultan. *Ce monsieur* manque à la parole qu'il m'a donnée et agit d'une façon qui m'est extrêmement déplaisante. Eh bien ! je me suis contenté d'envoyer un ambassadeur à Constantinople pour demander réparation. Certainement je pourrais envoyer une armée si je le voulais ; *il n'y a rien qui puisse l'arrêter*, et cependant je me contente de faire une démonstration de force suffisante pour prouver que je n'ai pas l'intention de me laisser jouer. » (Conversation de S. M. l'empereur Nicolas avec sir H. Seymour, le 21 février 1853, rapportée dans la lettre de cet ambassadeur à lord J. Russell, en date du 22 février.)

mée turque elle-même. L'opinion s'est accréditée en Europe que les Turcs peuvent à eux seuls défendre la frontière Danubienne de leur empire. Mais l'ont-ils su défendre avant la paix de 1829 ? Déjà l'on avait vu briller à cette époque comme un reflet de leur ancien courage, et cette fois aussi l'on s'étonna qu'ils ne fussent pas plus dégénérés. C'est, à ce qu'il paraît, la politesse de l'Europe à leur égard. Les Russes, inférieurs en nombre, n'en triomphèrent pas moins, et trois mois avec 30 000 hommes suffirent au général Diebitsch pour les battre en rase campagne à Kolutewska (juin), passer le Balkan (juillet), s'emparer d'Andrinople (août), et signer ce traité fameux que l'Europe applaudit alors et déchire aujourd'hui. Pendant les onze mortels mois qui s'écoulèrent entre le passage du Pruth (juillet 1853) et l'arrivée des troupes alliées au secours de la Turquie (juin 1854), l'occasion fut belle, et certes il y avait de quoi tenter un prince qui n'eût été que jaloux de rapprendre à ses soldats le chemin de Byzance. L'entreprise offrait quelques dangers. Il fallait, comme en 1829, se résoudre à marcher sans base fixe d'opérations, laisser derrière soi une armée ennemie et ne compter que sur le concours de la flotte de Sébastopol, qui pouvait opérer dans le golfe de Bourgas d'une manière plus avantageuse à tous égards que dans la rade de Sinope. C'est une faute grave, j'en conviens, que d'avancer en pays étranger sans base certaine d'opérations ; mais les guerres du commencement de ce siècle nous ont montré le succès presque assuré de ces marches rapides, qui permettent de frapper l'ennemi au cœur, avant qu'il ait eu le temps de se reconnaître, et l'histoire des grands capitaines de tous les temps montre que le génie militaire consiste à commettre habilement des fautes contre les règles de l'art. Déjà, en 1829, on n'avait pas manqué de tacticiens méthodistes, comme le général Lamarque, pour critiquer le plan de campagne de la Russie, et j'ai sous les yeux les articles curieux d'un recueil du temps où ce général de tribune prédit la défaite inévitable de l'armée russe quelques jours avant son triomphe. D'ailleurs, en 1853, suppléant par l'entraînement aux mesures qu'il n'avait pas prises, le tzar pouvait dans l'espace de quelques semaines précipiter une deuxième armée dans les Principautés. Dès lors l'armée ottomane était occupée, au besoin prise entre deux feux, et rien ne pouvait contrarier la marche de l'armée expéditionnaire sur Constantinople. Or, comme cette capitale est aussi découverte du côté de la terre, qu'elle est facile à protéger contre l'attaque d'une escadre privée de troupes de débarquement, comme l'était en 1808 l'escadre anglaise de l'amiral Dukworth, le colonel Rose ou le général Baraguay-d'Hilliers se seraient trouvés dans l'impossibilité d'improviser la défense et de reprendre le rôle brillant de M. Sébastiani. Au milieu d'une ville indisciplinée, en proie aux factions et à la panique d'une invasion, les conseils d'un ambassadeur eussent paru fort insuffisants. Entre une capitulation diplomatique comme le traité d'Andrinople, ou une capitulation militaire, il fallait opter.

Ce plan de campagne n'est point une chimère. Il fut, en Russie, celui d'un parti qui brille plus par ses vertus sur le champ de bataille que par son habileté dans les négociations. Mais il n'a point prévalu dans les conseils de l'Empereur. L'occupation des principautés Danubiennes, au lieu d'être le prélude d'une invasion, conserva le caractère qui lui avait été assigné d'avance et particulièrement[1] dans le manifeste du 26 juin. Elle resta, du

1. « Dans quelques semaines les troupes recevront l'ordre de passer les frontières de l'empire, non pas pour faire la guerre, qu'il répugne à S. M. d'entreprendre contre un souverain qu'elle s'est toujours plu à considérer comme un allié sincère, mais pour avoir des garanties

moins dans la pensée du cabinet russe, un gage diplomatique, et, pour se montrer fidèle à sa parole et aux vues modérées de sa diplomatie, le tzar consentit à fatiguer le pays par un établissement militaire, à y compromettre en quelques mois les souvenirs encore vivants de l'administration si bienfaisante et si éclairée du général Kisseleff. Il consentit tour à tour à laisser languir les troupes qui s'affaiblissent et se corrompent dans l'inaction comme des eaux stagnantes, à les épuiser par des marches et contre-marches sans fin, à les décimer dans des engagements sans but comme sans résultat, paraissant toujours attendre que les positions fussent fortifiées pour les attaquer, les villes bien garnies pour les assiéger en vain. Telle fut cette campagne, entreprise avec décision, conduite avec mollesse, signalée par une perte considérable en hommes et en influence, terminée par une retraite équivoque et par l'abandon d'un gage qu'il fut peut-être nécessaire de laisser échapper

matérielles jusqu'au moment..., etc. » (Lettre de M. le comte de Nesselrode à Reschid-Pacha, 19-31 mai.)

« En occupant les Principautés pour un temps nous désavouons d'avance toute idée de conquête. Nous ne prétendons obtenir aucun agrandissement de territoire. » (Circulaire du 20 juin.)

pour l'avoir voulu d'abord trop scrupuleusement garder.

On a donc pu s'étonner à bon droit, qu'*après* cette évacuation, un célèbre président de comice agricole se soit cru obligé de stigmatiser, dans ses recettes contre le tzar et le choléra[1], *l'obstination d'un envahisseur* qui n'avait déjà plus un soldat hors de ses frontières, qui reculait sur le terrain militaire comme il recule sur le terrain diplomatique, mettant à cette double retraite juste le degré de lenteur qu'il fallait pour sauvegarder l'honneur de la couronne. Il y a là peut-être un grand enseignement, et si le lecteur se sent capable d'apporter dans l'étude des faits contemporains la froide impartialité de l'histoire, je l'invite à comparer le jugement du public en présence de ces deux faits si différents : la retraite de 1854, et la paix de 1829 imposée par une foudroyante expédition, suivie d'un concert de louanges sur la modération de l'empereur Nicolas. Il était sans doute dans la destinée de ce prince de paraître modéré quand il agit avec vigueur et d'être accusé de violence quand il se modère.

1. Voir le *Journal des Débats*, numéro du 13 septembre 1854.

Quelle sorte de fatalité pèse donc sur l'Europe?
La paix est un besoin commun ; chacun en convient ; chacun dit la vouloir, on le prouve de part
et d'autre, et chaque incident nouveau de cette malheureuse affaire d'Orient rend la guerre plus inévitable. La diplomatie, cette force rationnelle, serait-
elle devenue impuissante dans un siècle qui fait
profession de rationalisme? Non sans doute. Aujour-
d'hui comme toujours, la diplomatie doit dominer
les situations et exercer son influence salutaire,
soit qu'elle préserve, soit qu'elle répare ; seulement sa tâche est plus difficile. La lenteur inhé-
rente à ses procédés incommode l'esprit ardent
des contemporains. Habitués à vaincre la matière,
l'espace et le temps par la puissance des inventions modernes, ils ne voient point que si les
sciences et les industries progressent, le monde
moral reste stationnaire, et que s'il est facile de
réunir sur un point donné, avec une prodigieuse
rapidité, les hommes, leurs capitaux et leurs pensées, il sera toujours difficile et long de réunir
leurs intérêts. Autrefois les représentants pacifiques des États n'offraient aux peuples que des faits
accomplis, et on les accueillait comme des bien-
faiteurs sans savoir à quels efforts on devait le
bienfait. De nos jours, grâce au principe subversif

de la publicité, on assiste aux pénibles élaborations de la diplomatie, à ses apprêts, à ses déboires. Il faut attendre. Attendre est une peine, et l'homme d'aujourd'hui ne veut pas souffrir. Ainsi l'impatience moderne pousse à la guerre autant que la passion y poussait l'homme des temps primitifs. Et comme il y a des avocats pour toutes les causes : faisons la guerre, dit-on, promptement et vigoureusement, et de tous les côtés à la fois pour arriver plus tôt et plus sûrement à la paix. Ce paradoxe court les rues, les gazettes et les antichambres, et prépare peut-être à tout le monde de funestes mécomptes. La guerre, sachons-le bien, tranche rarement les difficultés : souvent elle les multiplie. Elle ajoute des termes à l'équation, mais ce n'est pas elle qui dégage l'inconnue, et si l'épée frappe des coups dont la politique tient note, c'est toujours en définitive à la plume d'un diplomate qu'appartient le dernier mot.

Il est clair, par exemple, que l'occupation des Principautés danubiennes par les troupes de S. M. l'empereur Nicolas a été le premier nœud de la crise actuelle. La Sublime Porte refusant sous quelque forme que ce fût, traité, sened ou simple note ayant un caractère synallagmatique, la confirmation des droits acquis à la Russie, et motivant

ce refus sur le principe absolu de la souveraineté
indépendante du Grand-Seigneur, avait, dans la
pensée du cabinet de Saint-Pétersbourg, mis en
question l'existence ou la validité des stipulations
antérieures. Cette idée admise, la Russie ressem-
blait à un propriétaire qui, voulant asseoir son
revenu, se voit exposé à perdre le capital. Or, dans
cette situation critique, on est mal placé pour raisonner juste. Que fit le cabinet de Pétersbourg
ou, pour parler plus exactement, que fit l'empereur
Nicolas? Il voulut faire voir au sultan *jusqu'où pouvait le conduire son opiniâtreté*. Mais l'occupation
des Principautés était-elle une mesure parfaitement
en rapport avec le but final qu'on se proposait?
ne devait-elle pas, au lieu d'intimider la Turquie,
alarmer l'Europe, inspirer des craintes, autoriser
des soupçons, provoquer des mesures analogues?
Les traités avaient ouvert, il est vrai, en faveur de
la Russie un droit éventuel à l'occupation des
Principautés dans le cas où la Porte méconnaîtrait
leurs priviléges et immunités. Mais on ne peut
admettre que le refus d'une consécration nouvelle
fût équivalent à la négation des droits acquis, et
si les arguments de la Porte étaient de nature à
faire craindre à la Russie une violation à venir des
conventions passées, la crainte d'un fait ne saurait,

en tout cas, être assimilée au fait lui-même. Lorsque dans le manifeste du 1ᵉʳ mars, le cabinet de Pétersbourg allégua pour motif de l'occupation la nécessité de *ramener la Sublime Porte à des sentiments d'équité et à l'observation fidèle des traités,* une note officielle du 12 novembre, insérée dans *le Moniteur,* fit justement observer que le manifeste *n'indique pas les clauses de ces traités que la Porte aurait violées.*

L'occupation des Principautés n'étant point fondée en droit, pouvait donc être considérée, par la Porte et ses alliés, comme un acte de guerre, malgré le caractère diplomatique que la cour de Russie avait prétendu lui donner et s'efforça loyalement, disons-le, de lui conserver. Cette démonstration comminatoire, manquant son but, n'eut d'autre résultat que celui marqué par Son Exc. M. Drouyn de Lhuys dans une dépêche circulaire en date du 15 juillet :

« Nous ne pouvons que déplorer de voir la Russie, au moment même où les efforts de tous les cabinets pour amener une solution satisfaisante des difficultés actuelles, témoignent si hautement de leur modération, prendre une attitude *qui rend le succès de leurs négociations plus incertain.* » M. de Buol écrivait à son tour dans une autre circonstance : « On ne peut se dissimuler que l'occupation des Principautés par les troupes russes a été une des principales causes du développement inquiétant que la querelle a pris, et que c'est cette mesure *qui a fait échouer dès l'origine toutes les tentatives à l'aide desquelles on a cherché à frayer la voie à une solution pacifique.* »

L'histoire qui juge les actes en eux-mêmes et dans leurs conséquences, beaucoup plus que sur les intentions de ceux qui les commettent, réservera sans doute pour l'occupation de 1853 toutes ses sévérités. En effet, de ce premier fait de guerre dérivèrent peu à peu, comme autant de conséquences nécessaires, la déclaration de guerre de la Turquie, l'affaire de Sinope, la rupture de toute négociation, l'ultimatum des puissances occidentales. L'occupation subséquente des Principautés par l'Autriche, en vertu d'un traité, mesure militaire présentée d'abord comme une sorte de médiation armée, tout en séparant sur un point les belligérants, leur a permis d'aller se battre ailleurs avec plus d'acharnement, et de cette expédition de Crimée, on ne voit pas facilement comment la paix pourrait sortir. La prise de Sébastopol, la destruction de sa flotte et l'abandon de la presqu'île par les armées russes, seraient un résultat matériel considérable et presque équivalent aux sacrifices qu'il aura fallu faire pour l'obtenir ; ce serait surtout un glorieux fait d'armes, mais il n'entraînerait point comme corollaire la soumission de la Russie, parce qu'il entamerait seulement ses forces artificielles et laisserait intactes ses forces propres et natives qui ne consistent ni en vaisseaux, ni en remparts, mais résident dans les hommes, dans le climat et dans le mécanisme du gouvernement. Sébastopol pris, la Russie se trouverait probablement dans des conditions morales et militaires trop défavorables pour signer la paix. Il lui faudrait attendre un retour marqué de la fortune.

On le voit, l'action militaire proprement dite, lorsqu'elle ne s'exerce pas dans des conditions d'inégalité telles que l'un des belligérants doive être promptement réduit comme à Novarre ou à Rome, la guerre, quoique faite en vue de la paix, peut en rendre le rétablissement plus difficile, car elle ajoute au conflit des intérêts le conflit plus dangereux des passions humaines. Faut-il pourtant désespérer de la paix ou ne l'attendre que de guerre lasse ? Les hommes de ce temps seront-ils assez dénués de volonté pour faire la paix par dégoût de la guerre, comme ils ont fait la guerre par dégoût des négociations ? A Dieu ne plaise que nous soyons réduits à ce triste espoir. La constitution de l'Europe a offert jusqu'ici en Allemagne et offre encore aujourd'hui, aux puissances belligérantes, la précieuse ressource d'un terrain toujours ouvert aux négociations. Une première tentative de conciliation a échoué en 1854 ; une seconde peut réussir en 1855.

— Signaler le caractère imparfait de la première médiation de l'Allemagne et faire par là pressentir les conditions indispensables au succès d'une seconde médiation ;

— Indiquer les obstacles qu'une saine politique de modération peut rencontrer dans le mouvement passionné de l'opinion publique en Orient et ailleurs ;

— Soumettre à une rigoureuse analyse chacune des quatre garanties de la paix future ;

— Indiquer les tempéraments que ces garanties paraissent susceptibles de recevoir dans l'exécution, et d'un autre côté, les clauses particulières qu'il serait peut-être avantageux d'y ajouter :

Tel sera l'ordre de ce travail.

II.

Politique de l'Allemagne.

En France, lorsque celui à qui l'on parle n'entend pas et que celui qui parle ne s'entend plus, politique ou philosophie, c'est de l'Allemagne qu'il s'agit. Évidemment la Providence a réparti entre les deux nations des aptitudes et des facultés diverses. Un Champenois s'en tient au syllogisme simple ; il faut au Germain le luxe du sorite. Où le Français se croit éclairé et agit en conséquence, l'Allemand se trouve encore plongé dans des ténèbres épaisses. L'un a été fait pour épuiser toutes les combinaisons des courbes de l'ellipse et de la parabole ; l'autre est surtout sensible aux charmes de la ligne droite. Ainsi, le Rhône se précipite par une rapide perpendiculaire dans les eaux de la Méditerranée, tandis que le Danube fait 2790 kilomètres de circuits pour aller de Bavière en Moldavie, s'arrête en plusieurs endroits, ne sait par où se jeter dans la mer Noire, hésite et se demande subjectivement s'il ne doit pas remonter vers sa source. C'est l'image des deux peuples. Or, l'homme donnant à tout ce qu'il fait la forme de ses concepts, l'opposition du génie allemand et du génie français se poursuit avec rigueur dans toutes les manifestations grammaticales, scientifiques, littéraires, artistiques et sociales. Sous ce dernier rapport, le seul qu'il soit utile d'envisager ici, le contraste est frappant.

La France, féodale par l'accident des invasions, s'est bientôt transformée, sous l'action du pouvoir royal, en un système, le plus raffiné qui se soit jamais vu, d'égalité civile et de centralisation administrative. L'Allemagne, terre natale du fief, a conservé du régime féodal, à travers bien des vicissitudes, ses nombreuses souverainetés, ses lois, ses municipalités, ses coutumes, ses corporations, ses priviléges, ses universités, sa hiérarchie d'états et de personnes. Cependant, comme des villes libres auprès d'un peuple qui ne l'est pas, et de petits souverains voisins de grands monarques courent aussi de trop grands dangers, on vit qu'il fallait donner à ce corps multiple la seule forme unitaire qu'il comportât, celle d'une *confédération;* et l'on sentit la nécessité d'ajouter à tous ces contrats, qui sont l'âme de la féodalité, un contrat su-

périeur qui garantît l'existence et le respect de
tous les autres. C'est là le but primitif du pacte fédéral. Mais il en a un autre encore plus considérable. Au lendemain de la plus terrible secousse
qui ait ébranlé l'Europe, les législateurs de 1815
jugèrent utile de constituer au centre du continent
une puissance qui fût comme la pierre d'assise de
l'ordre à venir. L'Allemagne, par sa situation, sa
masse et sa profondeur, pouvait servir de barrière entre les États, les protéger tous contre la
prépondérance ou l'agression d'un seul, éloigner
de chacun d'eux le péril des coalitions. Mais pour
la rendre apte à remplir cette fonction d'intérêt
européen, quelle organisation intérieure fallait-il
donner à la Confédération? Il fallait évidemment
l'organiser de telle façon que ses membres fussent
toujours prêts à voler au secours de celui qui serait
attaqué, et jamais disposés à seconder celui qui
voudrait tenter au dehors la fortune des grandes
aventures. En un mot, il fallait l'armer pour la
défense et la désarmer pour l'attaque. Un homme
d'État, contemporain de cet établissement, mais à
qui sa verte vieillesse permet de donner encore à
la politique le concours précieux de son expérience
et de sa pensée, écrivait dernièrement ceci : L'Al-
magne pour être forte n'a qu'à se mettre sur son

séant[1]. Ce mot peint admirablement. Oui, l'Allemagne peut combattre; mais elle combat sur place et sans faire usage de ses jambes. Cela ne l'avance pas beaucoup, j'en conviens; mais aussi elle ne recule pas et l'Europe est sauvée. Telle fut la pensée du congrès de Vienne.

Essayerai-je de montrer avec quelle habileté l'on en assurera le succès? Exposer en détail le mécanisme compliqué de la Confédération germanique serait un trop rude labeur. Il y faut du temps, de l'attention, trop de patience chez le lecteur; il faut des grâces d'état. Mais si cette tâche était remplie, on verrait peut-être que cette rivalité toujours vivante, soit qu'elle se dissimule, soit qu'elle éclate entre les deux premières puissances de la Confédération; que cette jalousie d'initiative, qui fait rejeter une mesure souvent parce qu'on ne l'a pas proposée soi-même; que la politique des petits États qui se donnent d'un côté en se promettant de l'autre, et se dérobent bientôt à la main qui pensait les tenir; que ces difficultés sans cesse renaissantes et toujours aplanies; que ces votes et

______

1. *La politique de la Russie et les Principautés danubiennes*, par M. le comte de Ficquelmont, ancien président du Conseil et Ministre des affaires étrangères d'Autriche. Paris, 1854.

ces résolutions, ces scrupules et ces ententes préa-
lables sur des éventualités chimériques ; que ces
précautions pour l'avenir et ces récriminations sur
le passé ; que tous ces mouvements en sens contraires, ces éclaircissements qui embrouillent, ces
accords qui divisent et ces discordes qui n'empê-
chent pas de s'entendre ; que tout cela enfin, qui
révolte la simplicité française, n'est pas autre
chose que le jeu normal et salutaire des institutions germaniques. En effet, qu'en résulte-t-il ?
Précisément ce que les fondateurs avaient en vue.
Tandis que l'Allemagne opère sur elle-même ce
travail de rotation, elle évite les entraînements du
dehors ; tandis qu'elle s'épuise à déterminer les
modes de son action sans jamais se décider à agir,
le temps se consume, les intérêts se dessinent, les
passions s'apaisent, les préjugés se dissipent, les
droits se dégagent des prétentions, les belligérants
continuent de négocier par le canal de sa diplomatie, l'Allemagne, au besoin, négocie pour eux. On
se bat et elle discute encore ; chacun s'abandonne
aux hasards de la force, l'Allemagne continue de
penser et empêche que la notion du droit ne soit
abolie. Ce rôle a sa grandeur : aveugle qui ne le
voit pas. Mais je sens que le lecteur tire déjà ses
conséquences et fait des applications. Je le prie de

vouloir bien me suivre dans l'examen des faits accomplis en Allemagne depuis l'ouverture de la
crise orientale. Il y en a quatre principaux autour
desquels tous les autres viennent se grouper ; ce
sont :

1° La conférence de Vienne (24 juillet 1853-
9 avril 1854);

2° Le traité de Berlin (20 avril 1854);

3° L'accession de la Diète à ce traité (24 juillet
1854);

4° L'occupation des Provinces danubiennes par
l'Autriche (septembre 1854).

Il a fallu deux ans pour transformer la querelle
monacale des sanctuaires de Jérusalem en une
guerre européenne. Le passage du Pruth par les
troupes russes, en juillet 1853, sans être nulle part
approuvé, fut d'abord jugé diversement en Europe.
En Allemagne, il causa peu d'étonnement et aucune indignation. On y vit un acte comminatoire
destiné à résoudre un point contesté de diplomatie,
un événement regrettable, mais tel qu'en peuvent
faire surgir les rapports de deux États limitrophes.
D'ailleurs l'Allemagne portait d'un autre côté ses
regards et ses inquiétudes. C'est chez elle une habitude prise et invétérée. La France l'a pendant
vingt ans trop vigoureusement tenue sous le joug

pour lui inspirer pendant longtemps encore autre chose que de la crainte ou de froides sympathies. L'Angleterre, bien qu'elle se soit posée en 1815 comme la libératrice de l'Allemagne, et qu'elle ait insisté à cette époque pour lui donner l'Alsace et la Lorraine que la Russie voulut et fit conserver à la France, l'Angleterre a pris, vis-à-vis de l'Allemagne, une attitude bien différente depuis qu'elle s'est séparée en 1820, à Troppau, de la politique d'ordre et de conservation. Or, en politique, comme dans la vie privée, on se sent peu de goût pour les idées de ceux que l'on redoute. L'Allemagne ne fut donc point portée d'abord à juger l'occupation des Principautés aussi sévèrement que la France et l'Angleterre. L'Allemagne se souvenait aussi que depuis 1832, par suite des mouvements insurrectionnels qui se produisirent sur plusieurs points de l'Europe et surtout en Pologne, la politique russe avait subi dans ses rapports avec la Turquie une sorte de transformation; qu'après avoir secondé l'insurrection grecque susceptible de provoquer la ruine de l'empire turc et de servir par là les anciennes idées d'agrandissement, le cabinet de Saint-Pétersbourg avait fini par la réprouver comme entachée d'un caractère révolutionnaire et qu'il avait en vue, non plus la conquête, mais seulement l'extension et la consolidation de son influence dans un pays ouvert à toutes les influences. En Orient, comme dans le centre de l'Europe, S. M. l'empereur Nicolas s'était donc fait, avec plus de franchise, de liberté et de désintéressement qu'aucun autre souverain, le représentant des idées d'ordre et de conservation. Ainsi pensait l'Allemagne. D'ailleurs, ce prince, qui depuis trente années gouvernait avec tant de sagesse et d'habileté ses vastes États, allait-il, au déclin de sa carrière et par un oubli soudain de sa renommée, démentir tout son passé, se faire, dans un intérêt douteux, le perturbateur de l'Europe après en avoir été le soutien et choisir pour cela le moment le moins opportun? Quand la Révolution affaiblissait naguère les États aux dépens desquels la Russie pourrait s'agrandir, on l'avait vu n'user de sa force que pour restaurer les pouvoirs compromis, prévenir les ruptures, aplanir les différends. Tout à l'heure encore, il venait, avec un désintéressement rare dans l'histoire des maisons régnantes, il venait de renoncer à ses droits éventuels à la couronne de Danemark et, pour rappeler un petit fait qui avait alors son importance, d'abandonner une quarantaine qui semblait sur le Danube un poste avancé de la Russie. En Allemagne, il avait exercé cette influence légitime que donnent l'âge, les titres et les liens du sang[1]. Partout il avait offert le beau spectacle d'une grande modération servie par une grande puissance.

C'est avec ces souvenirs que l'Allemagne jugea, ou plutôt ne crut pas nécessaire de juger l'occupation des Principautés par la Russie. Cette mesure d'ailleurs, quel que fût son caractère, et quoi qu'elle dût présager, ne compromettait pas immédiatement et directement les intérêts de la Confédération. Elle s'accomplissait à distance, dans un pays lointain dont l'Allemagne est séparée par les possessions extra-fédérales de l'Autriche, et d'après la constitution du Congrès de Vienne, la Confédération ressemble à une personne qui aurait la vue basse,

1. On parle sans cesse des mariages contractés en Allemagne par la famille impériale de Russie, comme d'un des moyens les plus machiavéliques employés pour lier l'Allemagne à la politique russe. Il y a dans ce point de vue bien de l'exagération. La famille impériale est nombreuse. Faut-il condamner les princesses au célibat? Faut-il les marier à des Kalmouks? Non; il faut des princes, il faut les prendre en Allemagne; c'est là qu'ils fleurissent. Ces mariages, sans doute, sont avantageux; mais les princesses en tirent, je pense, encore plus d'avantages que la politique.

l'ouïe dure et la peau très-délicate : elle ne sent bien que ce qui la touche.

L'Autriche se trouvait dans une situation bien différente. Il n'y a point de gouvernement qui voie plus clair, qui entende mieux et qui sente plus juste, parce qu'il n'y en a pas qui réfléchisse davantage. Cela tient à son état maladif. Tant de périls la menacent et de tous les côtés, qu'elle doit faire attention à tout pour se garer partout. En Orient, l'Autriche a toujours jugé la politique russe comme on la juge aujourd'hui, et si elle ne fait que suivre les puissances occidentales dans l'action, il faut convenir qu'elle les a devancées et de très-loin dans le jugement. L'Autriche est intéressée à ce que la Russie n'aille point à Constantinople en passant par le Danube. Or, l'occupation des Principautés semblait engager la Russie dans cette voie et devoir augmenter le mal dont l'Autriche souffrait aux bouches danubiennes. Elle en souffrait sans bruit. Quand on a de grands maux à guérir, on court au plus pressé, on ajourne, on temporise, et jusqu'à ce qu'on soit à même d'appliquer le remède, le mieux est de souffrir en silence. C'est ce que faisait l'Autriche, mais en se réservant de faire autre chose; et sans *étonner le monde par son ingratitude,* parole malheureuse échappée à un ministre trop souvent de mauvaise humeur, l'Autriche aurait pu faire valoir des droits et se mettre en mesure de les appuyer un jour plus solidement que sur de vaines remontrances. L'occupation des Principautés par la Russie avait donc par rapport à l'Autriche ce triple caractère :

C'était un acte d'une portée européenne considérable, de nature à faire éclater une crise générale, et le cabinet de Vienne a une juste horreur de tout ce qui peut amener un bouleversement en Europe;

C'était peut-être le prélude d'une entreprise sur une puissance colimitrophe, prélude accompli spontanément, sans une entente préalable, ce qui, de la part d'un allié, pouvait être considéré comme un acte blessant, comme une sorte de rupture tacite;

Troisièmement enfin, en ce qui concerne la navigation du Danube et le litige en suspens, c'était l'aggravation d'un état de choses déjà fort fâcheux.

En conséquence, l'Autriche, qui n'appuyait pas à Constantinople les propositions faites en dehors d'elle par la Russie, pouvait encore moins approuver la manière de les faire valoir, et si le cabinet de Vienne ne manifesta point d'abord une opinion bien arrêtée sur la légitimité du but, son intérêt lui fit voir très-clairement que les moyens étaient condamnables. L'alliance déjà précaire en reçut peut-être une mortelle atteinte. Mais, appréciant comme je viens de l'indiquer la marche de la Russie, que pouvait l'Autriche pour l'arrêter? Pouvait-elle rompre en visière et transformer en état de guerre ce simple défaut d'harmonie? Devait-elle s'opposer à l'occupation des Principautés, faire toute seule à ses risques et périls ce que les puissances occidentales ne faisaient pas encore? Évidemment non. C'eût été précipiter les événements et s'engager dans une voie où elle n'était pas bien sûre d'être suivie. D'ailleurs l'eût-elle voulu, qu'elle n'était pas en mesure de le faire. Il lui fallait d'abord consolider son armée, fortifier quelques points stratégiques importants, restaurer ses finances par une mesure radicale; et ces trois objets, l'Autriche, en apparence inactive, les a remplis à peu près dans l'espace d'une année. Tout en se préparant à agir en vue des éventualités, quel rôle devait prendre sa diplomatie? un rôle de modération et de paix. On vit l'Autriche user de son influence à Constantinople pour prévenir toute mesure extrême. M. l'internonce baron de Brück fut chargé de présenter au divan, sous les plus vives couleurs, les conséquences d'une déclaration de guerre, de lui inspirer et lui fournir au besoin l'expédient d'une note qui, donnant à la Russie toutes les apparences d'une satisfaction et l'obligeant à vider les Principautés, écarterait du même coup les dangers que l'occupation faisait courir à l'Europe, à la Turquie et à l'Autriche. Malheureusement, la Porte abandonnée à elle-même et voyant dans la liberté qu'on lui laissait ailleurs la garantie certaine d'une protection efficace, montra une opiniâtreté qui serait héroïque si elle n'exposait que la Turquie. Les efforts de l'Autriche furent infructueux; les hostilités seulement retardées pouvaient éclater d'un moment à l'autre, et la question devant se trouver par là transportée sur le terrain du droit strict après avoir été maintenue imparfaitement sur le terrain des transactions diplomatiques, l'Autriche allait avoir à se prononcer catégoriquement. Ses intérêts bien entendus, ceux de l'Europe et le droit *strict* de la Turquie lui dictèrent pour ainsi dire le programme suivant de sa politique : Reconnaître l'attitude de la Turquie comme fondée en droit; appuyer à titre de grande puissance les représentations des puissances occidentales auprès du cabinet de Saint-Pétersbourg; essayer de nouveau, mais cette fois par une action collective, de prévenir un conflit armé que ses efforts particuliers à Constantinople n'avaient qu'ajourné; et si le conflit devait éclater enfin, dans les proportions qu'on lui supposait, continuer à appuyer en principe la politique occidentale ; confondre les intérêts particuliers de l'Autriche sur le Danube avec les intérêts généraux de l'Europe en Orient, et profiter de cette bonne fortune pour régler, avec l'autorité morale et l'appui décisif de la majorité des cabinets, ses différends relatifs à la navigation du Danube ; observer d'ailleurs aussi longtemps que possible, en ce qui concerne les opérations militaires, son attitude de neutralité ; dans les négociations peser avec force, au nom de l'Allemagne, sur la satisfaction de ses besoins propres et chercher à adoucir en faveur de la Russie les conclusions d'un accord général et définitif : de sorte qu'après avoir servi ses intérêts, pacifié l'Europe, protégé la Turquie, ménagé la Russie, secondé la France et l'Angleterre, effacé la Prusse, contenu la révolution, l'habile Autriche pût retrouver dans la Russie, au lendemain de cette crise, une alliée encore puissante dans le monde et moins pesante auprès d'elle.

Je ne serai démenti par personne en disant que ce fut là dès l'origine, et que c'est encore aujourd'hui la pensée intime et dominante du cabinet de Vienne. On a toujours été à même de la pressentir, car elle ressortait de la situation bien plus que des déclarations officielles du cabinet. Les puissances belligérantes ont donc pu mesurer leur politique sur celle de l'Autriche, et prévoir aisément que, sans être neutre quant aux principes, elle maintiendrait sa neutralité quant à l'action, et que si elle en sortait un jour, ce serait trop tard. Voir clair est la première qualité de l'homme d'État. S'il manque de celle-là, le reste est assez inutile.

Avec une politique si prudente et si difficile, si clairement déterminée dans ses fins et si compliquée dans sa conduite, le cabinet de Vienne devait aspirer d'abord à tenir le fil des négociations. Ç'a été le premier résultat obtenu par la dextérité de M. le comte de Buol qui a succédé, comme on sait, à M. le prince de Schwartzenberg, mais qui n'a pas tout pris dans son héritage. A la fin de ce même mois de juillet 1853 qui vit se consommer l'occupation des Principautés, M. de Buol formula cette pensée que *le conflit ayant pris des proportions telles qu'il était de nature à affecter les intérêts généraux de l'Europe, le point litigieux ne devait pas se traiter à deux, mais à cinq.* Ce principe juste et opportun fut admis par toutes les puissances, excepté la Russie, et le 24 juillet les représentants de la France, de l'Angleterre et de la Prusse se réunirent à Vienne, tandis que la conférence en 1840 s'était tenue à Londres.

Il s'agissait d'influer à distance sur le divan plus utilement qu'on n'avait pu le faire à Constantinople, et de relier la Russie au faisceau de toutes les volontés européennes. Je ne raconterai point comment en six jours la conférence parvint à la rédaction d'une note célèbre dite *note de Vienne*, qui fut définitivement adoptée par elle le 31 juillet, acceptée délibérément par la Russie le 3 août, et tout à coup rejetée par la Sublime Porte au moment où l'Europe s'abandonnait à l'espérance d'une prochaine pacification, ne pensant pas que le divan osât trouver mauvais ce que la Russie, la Prusse, la France, l'Autriche et l'Angleterre avaient trouvé bon.

Tel fut le premier échec des tentatives de conciliation faites en commun par les quatre puissances conférant à Vienne. La guerre fut déclarée le 5 octobre, trois mois après le passage du Pruth; le traité d'alliance offensive et défensive avec l'Occident fut signé le 12 mars 1854, et l'affaire d'Orient entrant dans une phase nouvelle arracha l'Europe à ce long repos de quarante ans devenu pour elle une douce habitude.

En présence de cette situation trois partis s'offraient aux puissances allemandes :

1° S'unir à la Turquie par un *traité d'alliance;*

2° Prendre l'engagement de garder une *stricte neutralité ;*

3° Continuer à s'interposer diplomatiquement en observant une *neutralité libre et armée.*

De ces trois partis le troisième était seul conforme aux vues politiques du cabinet de Vienne, à celles de la Prusse, aux sentiments modérés comme à l'indépendance passive de la Confédération germanique. Le second était si favorable à la Russie que l'empereur Nicolas en fit l'objet d'une mission particulière confiée à l'intelligence de M. le comte Orloff. Mais avec un sentiment très-net de l'intérêt et de la dignité de leurs couronnes, S. M. le roi de Prusse d'abord (détail chronologique qu'il n'est pas inutile de rappeler), S. M. l'empereur d'Autriche ensuite, repoussèrent une combinaison qui aurait eu pour résultat de lier leurs mains dans celles de la Russie. L'empereur Nicolas prenait, il est vrai, de son côté l'engagement de ne rien faire de définitif en Turquie sans leur concours. Mais il se réservait par conséquent le droit d'y faire du provisoire. Or, on sait qu'il n'y a rien en ce monde qui dure autant que le provisoire. D'ailleurs, suivant le plan de l'empereur Nicolas, une déclaration de neutralité absolue devait être suivie d'une convention militaire par laquelle la Russie s'engageait à protéger la Prusse et l'Autriche contre toute éventualité, sans aucun retour. Qui ne voit que cette convention en apparence subsidiaire aurait emporté le principal, et qu'elle aurait transformé la prétendue neutralité demandée en une véritable alliance défensive? L'Allemagne consentant à être défendue par la Russie sans faire cause commune avec elle, se constituait évidemment vis-à-vis de la Russie dans une infériorité très-propre à la déconsidérer. Elle perdait en outre l'espoir si honorable de pouvoir se poser en médiateur utile, car un médiateur manque de force s'il n'est pas libre de jeter un jour ou l'autre son épée dans un des plateaux de la balance, et manque d'autorité morale si, avant d'en venir à cette extrémité, il ne présente pas à tous les belligérants la garantie d'une complète impartialité.

L'Autriche et la Prusse ne voulant se lier vis-à-vis de la Russie par une déclaration de neutralité, qui eût été considérée à bon droit comme une approbation indirecte de sa politique, pouvaient-elles d'un autre côté se lier par un traité d'alliance offensive et défensive avec la Turquie? Pas davantage. Cette alliance explicite, comme cette neutralité équivoque, leur eût enlevé la faculté de proposer un accommodement. L'alliance avait en outre l'inconvénient de jeter brusquement l'Europe dans les périls d'une guerre de coalition, sans but encore bien défini. Il n'y avait donc que le troisième parti qui pût être adopté, celui d'une neutralité libre, sans engagement d'aucune sorte autre que l'engagement purement politique résultant des premiers protocoles de la conférence de Vienne. Ce parti sauvegardait en effet toutes les exigences de la politique allemande; il donnait à l'Allemagne le temps de se reconnaître, à l'Autriche et à la Prusse celui de se mettre militairement et financièrement en mesure pour toute éventualité; il leur offrait le moyen de renouer le fil des négociations et la possibilité d'élaborer tranquillement quelque transaction capable d'arrêter la guerre à son début; il avait enfin cet avantage pour l'Autriche de ne point l'obliger à une évolution dans ses alliances, et pour la Prusse de la dispenser d'une démonstration trop franche en faveur de l'islamisme. Ces deux derniers points méritent une attention particulière.

L'Autriche et l'Angleterre se sont trouvées depuis plusieurs années dans une de ces situations qui ne sont pas la guerre, mais qui sont, aux dépens de tous, pires que la guerre ouverte, parce qu'elles sont une guerre qui se fait, non pas franchement avec du canon, mais déloyalement avec de l'argent, avec des influences, avec des sophismes : c'est la

guerre qui laisse les plus profondes traces. Sur un
champ de bataille, nous le voyons aujourd'hui,
quand on a du courage de part et d'autre, on finit
par s'estimer. Mais la guerre politique, celle qui
s'abrite et se déguise sous le manteau de la paix,
exige l'emploi de moyens tels qu'on se réconcilie
difficilement, parce qu'on ne s'estime pas. A la fin
de 1851, par une suite d'événements qu'il serait
trop long, trop douloureux ou trop inopportun de
rappeler aujourd'hui, les rapports de l'Autriche
avec l'Angleterre étaient si altérés que la mesure
parut comble. Une rupture allait éclater, quand
une révolution d'État en France et, quelques jours
après, la retraite de lord Palmerston suspendirent
pour un temps les rivalités particulières et grou-
pèrent tous les cabinets de l'Europe autour d'une
pensée commune[1]. Mais on s'aperçut bientôt que, si
le vicomte Palmerston avait quitté le ministère,

1. M. le comte de Westmoreland, envoyé en 1851, par
S. M. Britannique en qualité d'ambassadeur à Vienne,
était l'homme du monde le plus capable de maintenir ou
rétablir l'harmonie entre les deux États. On sait comment
il fut accueilli à son arrivée et combien de temps il attendit
l'audience du souverain auprès duquel il était accrédité.
Lord Palmerston écrivait de négliger les formes et prêchait
d'exemple. Mais lord Westmoreland s'en affectait davantage. C'est un dilettante, un compositeur, et je ne sais

son esprit y était resté. En Orient, comme partout ailleurs, les deux gouvernements continuaient de se trouver, comment dirai-je, en désaccord. La question des réfugiés, de leur extradition et de leur internement; le projet d'établissement d'un port libre à Scutari (d'Europe), destiné à faire concurrence à Trieste, étaient, en ce qui concerne particulièrement les affaires de Turquie, des faits trop récents pour ne pas éloigner l'Autriche d'une alliance avec un État qui montrait contre sa sécurité intérieure, contre la prospérité naissante de son commerce, et qui avait montré naguère contre son existence même, un si persévérant et si déplorable antagonisme.

Si l'Autriche, déjà séparée de la Russie, ne pouvait encore se lier à l'Occident à cause de l'Angleterre, la Prusse, de son côté, n'était pas davantage portée à le faire à cause de la France. La France, à toutes les époques, et *même en* 1840, s'est vouée

quelle réforme administrative de l'Opéra vint lui enlever la loge donnée à l'ambassade depuis 1815. Enfin, le 13 décembre 1851, l'ambassadeur fut admis à l'audience de l'empereur, offrit, de la part de sa reine, un magnifique service de porcelaine qui fut agréé, donna un bal et se vengea spirituellement de la perte de la loge, en faisant danser au cabinet de Vienne des quadrilles de sa composition.

loyalement et sérieusement au maintien et à la restauration de l'empire turc, soit dans ses membres, soit dans son chef. En Prusse, on ne croit pas à l'Angleterre tant de sincérité qu'à la France ni tant de désintéressement, et je ne dis pas que cela soit, mais cela pourrait être une recommandation. Tandis qu'en Autriche le maintien des Turcs en Europe est un mal dont on s'arrange, car l'Autriche aimerait à n'avoir pas de voisins plus incommodes, en Prusse, au contraire, la persistance et, pour rappeler un mot célèbre, le *campement* des Turcs en Europe est considéré comme un mal positif, comme une offense à la civilisation, comme une atteinte à l'ordre chrétien, presque comme un scandale. Ces idées philosophiques ou religieuses influent naturellement sur la politique, et il faut reconnaître que S. M. le roi Frédéric-Guillaume IV entrera toujours avec répugnance dans toute combinaison qui aura pour conséquence immédiate de fortifier l'islamisme. C'est en effet le caractère du protestantisme, de conduire ses sectateurs par une pente presque inévitable, soit à une indifférence complète en matière de religion, soit à une sorte de rigorisme ou de mysticisme. Le catholicisme, au contraire, et c'est une de ses supériorités, expose moins à ce double danger; il est, si j'ose dire, plus humain, plus politique; il s'accommode mieux des transactions, et, tandis que le protestant, doutant de soi, n'entend rien et se précipite, le catholicisme se modère, temporise et sait au besoin attendre, parce qu'il a des fins plus sûres, un passé immense, un avenir sans bornes : *Patiens quia æternus.* Il y a là, si je ne m'abuse, dans cette contrariété du tempérament catholique et du tempérament protestant quelque chose qui explique jusqu'à un certain point la différence des jugements portés à Paris, à Vienne, à Londres, à Berlin et à Rome sur la politique de l'Europe en Orient.

Ainsi la Prusse et l'Autriche, obéissant à des mobiles divers, engagées à des degrés fort inégaux dans le conflit, se trouvaient pourtant d'accord sur les points suivants, savoir :

1° La nécessité de ne pas s'engager vis-à-vis de la Russie par l'acceptation des propositions transmises par le comte Orloff, ni vis-à-vis de la Turquie par l'accession au traité du 12 mars;

2° Sur l'avantage pour l'Allemagne et l'Europe de poursuivre les opérations de la conférence, qui, après avoir proposé l'inutile expédient de la *note de Vienne*, chercherait désormais à préciser clairement le but de la politique européenne en Orient.

L'Autriche, plus compromise par sa position et par ses intérêts, entrevit dans cet accord relatif et dans la situation générale de l'Europe la possibilité,

De s'unir avec la Prusse par un traité d'alliance défensif;

De se rattacher à l'Occident par les déclarations communes et purement diplomatiques de la conférence;

Enfin d'obtenir de la Turquie, par une convention particulière, *qui ne fût pas un traité d'alliance*, le droit d'occuper une province limitrophe de l'empire ottoman, soit même les Principautés danubiennes, s'il était possible;

En un mot, de s'unir dans une certaine mesure à toutes les forces de l'Europe, à la Prusse, à la France, à l'Angleterre, à la Turquie, sans rompre avec la Russie.

Alors s'engagèrent simultanément à Vienne, à Berlin, à Constantinople, les négociations destinées à remplir ce triple objet et qui aboutirent effectivement au protocole du 9 avril, au traité du 20 avril, au traité du 14 juin.

Le cabinet de Vienne sut remplir avec une rare habileté le rôle compliqué que ses intérêts et les circonstances lui avaient tracé. Le protocole du

9 avril fut rédigé en termes assez vagues pour n'engager rigoureusement la politique de l'Europe que sur un seul point, l'intégrité territoriale de l'empire turc, avec une condition essentielle, l'évacuation des Principautés, objet principal de la politique autrichienne. Le traité avec la Prusse, au lieu d'être un simple traité d'alliance défensive, devint, par les annexes, un traité d'alliance éventuellement offensif. Enfin le traité, signé le 14 juin à Bayadji-Krui, sans engager l'Autriche dans les liens étroits d'une alliance offensive ni défensive avec la Turquie, donnait à l'Autriche le droit d'occuper, non pas une province de l'empire, comme la Bosnie ou la Servie, mais les principautés de Moldavie et de Valachie, et, la rendant ainsi maîtresse de l'objet litigieux jusqu'à la fin de la guerre, lui offrait la longue perspective d'un établissement provisoire.

Mais ces divers succès de la politique autrichienne devaient avoir un terme, et c'est en Allemagne que le terme en était marqué. Suffisamment unies pour signer un traité de neutralité tel que le traité de Berlin, les deux puissances ne l'étaient point assez pour agir de concert, même dans les limites de ce traité, et leur division éclata bientôt, au désavantage de l'Autriche, sur tous les

points qui furent immédiatement mis en question,
savoir :

1° Sur l'accession de la Confédération germanique au traité du 20 avril ;

2° Sur la base possible d'un armistice entre les belligérants ;

3° Sur les obligations militaires dérivant du traité du 20 avril.

C'est une loi du corps germanique que ne pouvant donner l'impulsion il la reçoive, et c'est une autre loi qu'il la reçoive de deux moteurs. Si un seul membre de la Confédération était capable de la mouvoir et la diriger, l'Allemagne se transformerait peu à peu en une puissance analogue aux autres puissances de l'Europe, c'est-à-dire en un État impérial ou royal mû par une seule volonté, agissant par un seul bras. L'Allemagne perdrait de fait et bientôt de nom son caractère de puissance confédérée et deviendrait inhabile à remplir au centre de l'Europe son rôle de puissance pacifique et médiatrice. Cette dissolution, que les deux grandes forces de la Confédération cherchent et chercheront toujours à opérer chacune à son profit, a été jusqu'ici prévenue ou par leur action réciproque, ou par l'Europe, ou par la sagesse même de la Confédération, et ce corps bien équilibré se trouve aujourd'hui régulièrement soumis à l'influence balancée de l'Autriche et de la Prusse. Ces deux États de premier ordre, continuellement engagés dans les affaires générales de l'Europe, soit par leurs possessions extra-fédérales, soit à titre de grandes puissances, se trouvent toujours portés à se fortifier en Europe de leur action sur l'Allemagne. Particulièrement en 1854, l'Autriche, par suite de son commencement de rupture avec la Russie, et la Prusse, par son isolement entre la politique russe et la politique française en Orient, devaient plus que jamais s'efforcer de trouver dans la Confédération un auxiliaire ou un appui, l'Autriche pour servir au besoin son action en Orient, la Prusse pour bien asseoir sa politique de tempéraments et puiser dans le sein de la Confédération cette force de résistance et de médiation dont la diète de Francfort semble, pour ainsi dire, le réservoir. De ce besoin commun en vue de buts différents, il résulta que les deux puissances cosignataires du traité de Berlin exprimèrent dans le préambule la conviction qu'*il appartient à l'Allemagne si étroitement unie à leurs États de remplir une haute mission au début de cette guerre afin de prévenir un avenir qui ne pourrait qu'être fatal au bien général de l'Europe*, et stipulèrent, par l'article 4, *que les hautes parties contractantes invi-*

*teraient tous les États de la Confédération à accéder
au présent traité en leur faisant observer que les
obligations fédérales prévues par l'acte final du congrès de Vienne s'étendront pour ceux qui y accéde-
ront aux stipulations que le traité actuel sanctionne.*

L'Autriche et la Prusse devaient donc, aux
termes de cet article 4, provoquer séparément des
adhésions individuelles au traité d'avril, en agissant, suivant leurs vues diverses, auprès de tous
les États petits et moyens de la Confédération. Mais
c'est une troisième et dernière grande loi du corps
germanique, que les États secondaires ne s'abandonnent pas aveuglément à l'action des deux moteurs, qu'ils penchent tour à tour d'un côté et de
l'autre, pour maintenir entre la Prusse et l'Autriche cet équilibre d'où dépendent leur existence
et leur sécurité; qu'ils veulent bien se prêter,
mais non pas se donner, et qu'ils doivent enfin
jouer entre les deux rivales ce jeu de bascule et
de neutralité que l'Allemagne elle-même joue en
Europe. Et comme la pondération générale du
continent résulte de la pondération particulière du
corps germanique, la France, la Russie, l'Angleterre, sont intéressées à ce qu'elle s'opère toujours
avec intelligence et régularité. C'est donc très-
douloureusement que les partisans de l'ordre eu-

ropéen ont vu blâmer et stigmatiser la politique
des huit États réunis dans la conférence de Bamberg. N'est-il point juste que les faibles se con-
certent pour résister à l'entraînement des forts?
N'était-il pas convenable qu'au moment où les
deux grands États de la Confédération songeaient
à rallier les États secondaires, ceux-ci, avant d'accepter aucune solidarité, se missent à même de
prononcer en connaissance de cause par une étude
préalable et réfléchie de la question? Sans doute,
c'est aux deux grandes puissances de la Confédération qu'il appartient de la diriger; mais il n'a
jamais été interdit aux États d'examiner le caractère et le sens du mouvement qu'on leur im-
prime. Le pacte fédéral ne s'oppose point à ces
réunions, à ces ententes purement officieuses,
et pendant les années précédentes nous avons
déjà vu cette juste indépendance des États secondaires produire les meilleurs fruits, particulièrement en ce qui concerne le projet subversif
de l'incorporation des provinces extra-fédérales.
Ainsi, bien loin d'être *malavisée*, comme le disait
lord Clarendon, dans une dépêche aussi peu conforme au droit public européen qu'aux règles les
plus élémentaires de la courtoisie, la réunion de
Bamberg était l'exercice d'un droit incontestable

et, ce qui vaut encore mieux, d'un droit utile.
Je sais qu'en 1854, l'usage faisait tort au droit et
que naguère le droit plaisait à cause de l'usage;
mais c'est toujours une faute grave que de sacri-
fier à l'épisode du moment les principes perma-
nents de la politique.

D'après l'article 4 du traité, l'adhésion des Etats
devait se faire séparément. Toutefois, ce système
avait, aux yeux des petits États, de nombreux
inconvénients. Entrant, à titre particulier, dans
l'alliance austro-prussienne, ils y eussent été em-
portés à la remorque de la puissance la plus active ou la plus entreprenante. Il leur fallait mar-
chander leur concours, stipuler le droit de délibérer
sur les mesures à prendre, ou de faire des représentations sur les mesures prises. Tout cela en-
traînait des difficultés que le temps et les circonstances tranchent toujours au profit du plus fort. Le
système d'une adhésion collective, faite à Francfort
par l'organe fédéral, avait au contraire l'avantage
de fournir aux États des garanties toutes prêtes et
une part de délibération et d'action réglée d'avance
par l'acte final du Congrès de Vienne. Il constituait
provisoirement l'Allemagne en une puissance collective établie sur un principe d'unité politique,
et tandis que par le système projeté des adhésions

partielles les petits États devaient être absorbés,
c'étaient l'Autriche et la Prusse qui allaient se
trouver absorbées dans l'unité fédérale. Par une
première concession à la politique de Bamberg, ce
dernier système fut adopté, et le traité de Berlin
du 20 avril, soumis à la Diète le 20 juillet 1854,
fut signé par elle le 24 du même mois.

A partir de cette époque, les situations com-
mencèrent à se dessiner, et tandis que l'Autriche
exerçait au dehors une action plus marquée, la
Prusse, État plus allemand, parut mieux faite
pour comprendre et soutenir en Allemagne la
pensée de neutralité conforme aux sentiments des
cours germaniques et au tempérament de la Confédération. Aussi voit-on toutes les propositions
de l'Autriche rejetées, ajournées ou restreintes. La
levée du contingent fédéral demandée le 24 juillet,
fut refusée; sept questions posées aux États sans
le concours de la Prusse, et destinées à déduire
du traité des conséquences pratiques peu en rapport avec le principe de neutralité, furent pour la
plupart résolues négativement, et deux seulement
des quatre principes formulés dans la note du
8 août furent acceptés par la Diète.

Le traité de Berlin figurera dans l'histoire comme
un des actes les plus curieux. Il semble que rien

de ce qu'il a stipulé ou prévu ne devait se réaliser. L'annexe avait posé deux *casus belli* chimériques auxquels la retraite de la Russie enleva même l'apparence d'une possibilité. L'article 4 avait stipulé que l'accession des États se ferait individuellement, et nous venons de voir qu'elle se fit collectivement par une résolution fédérale. Les deux puissances cosignataires avaient manifesté, dans le préambule, l'intention d'associer l'Allemagne à leur nouvelle tentative de conciliation, et cette première médiation, dont je vais faire un récit sommaire, fut essayée, conduite et manquée sans le concours de la Confédération.

Pendant les longs pourparlers qui conduisirent à l'adoption du traité par la Diète, les deux souverains de Prusse et d'Autriche se réunirent à Teschen pour la conclusion d'une convention militaire dont le principe avait été posé par l'article 3 du traité de Berlin. Tandis qu'on arrêtait cette convention sous la pression des événements, LL. MM. résolurent de tenter auprès de l'empereur Nicolas une démarche personnelle toute de conciliation. Une lettre autographe convia le tzar à l'une de ces entrevues dont Varsovie, Postdam ou Olmütz avaient été si souvent le théâtre, et dans lesquelles l'empereur défunt, s'abandonnant à la franchise de son caractère, parlait non plus en souverain, mais, comme il aimait à le dire, en gentilhomme. Contre toute attente, la proposition ne fut point agréée, et c'est à partir de cette époque que les rapports entre les trois cours revêtirent presque exclusivement le caractère d'une sévère diplomatie. M. le comte de Buol, qui négociait alors à Constantinople le traité du 14 juin, écrivait le 3 du même mois à Saint-Pétersbourg une dépêche qu'il faut considérer comme le point de départ de la médiation qui, échappant à la main des souverains, ne devait pas davantage aboutir par la voie des chancelleries. Dans cette dépêche le ministre faisait un dernier appel aux sentiments magnanimes de l'empereur Nicolas, et demandait instamment que S. M. voulût bien prendre *la mesure la plus propre à mettre un terme à un état de choses si menaçant pour toutes les positions et tous les intérêts*. Il présentait l'occupation des Principautés comme portant particulièrement atteinte aux intérêts allemand et autrichien, et sans dire comment il stipulait alors à Constantinople, en faveur de l'Autriche, un droit à l'occupation future des Principautés, il rappelait le protocole du 9 avril, les engagements pris par la cour de Vienne vis-à-vis des puissances représentées dans la conférence, et réclamait du cabinet de

Saint-Pétersbourg une déclaration sur l'époque précise et pas trop éloignée où il serait mis un terme à l'occupation des Principautés par les troupes russes. M. le baron de Manteuffel, à la date du 12 juin, appuyait cette demande et présentait l'évacuation comme aussi conforme aux intérêts qu'aux déclarations de la Russie. Entrant plus avant que M. de Buol dans le projet de médiation, il invitait le gouvernement de S. M. l'empereur Nicolas *à faire suivre la retraite de ses troupes de propositions offrant un point de départ pratique pour des négociations de nature à terminer tout à fait un conflit que l'évacuation des Principautés aurait déja circonscrit.* La réponse à ces deux dépêches ne se fit pas longtemps attendre; le 29 du même mois de juin, M. le chancelier Nesselrode adressait au prince Gortschakoff une dépêche par laquelle le cabinet russe, sans déférer immédiatement aux désirs des puissances allemandes, prenait pourtant l'engagement de vider les Principautés à condition d'une retraite équivalente des eaux et du territoire turcs par les forces occidentales, et proposait en conséquence la conclusion d'un armistice, et la reprise des négociations en vue de la paix définitive sur une triple base. Il terminait ainsi : « Que le gouvernement autrichien veuille donc bien, en pesant mûrement

les considérations qui précèdent, s'expliquer vis-
à-vis de nous au sujet des garanties de sûreté qu'il
peut nous donner, et l'empereur, mon auguste
maître, par déférence pour les vœux et les intérêts
de l'Allemagne, serait disposé à entrer en négociation sur l'époque précise de l'évacuation. Le cabinet de Vienne peut être persuadé que S. M. partage
au même degré que lui le désir de mettre au plus
tôt un terme à la crise qui pèse en ce moment sur
toutes les situations européennes. Notre auguste
maître veut toujours, comme il l'a toujours voulu,
la paix. Il ne veut, nous l'avons répété et le répé-
tons encore une fois, ni prolonger indéfiniment
l'occupation des Principautés, ni s'y établir d'une
manière permanente, ni les incorporer à ses États,
encore moins renverser l'empire ottoman. Sous ce
rapport, il ne fait aucune difficulté de souscrire aux
trois principes déposés dans le protocole du
9 avril :

1° *Intégrité de la Turquie ;* ce point n'a rien que
de conforme à tout ce que nous avons énoncé jusqu'ici ;

2° *Évacuation des Principautés ;* nous sommes
prêts à y procéder moyennant les sécurités conve-
nables ;

3° *Consolidation des droits des chrétiens en Tur-*

quie... Telles étant les dispositions de l'empereur sur les points capitaux indiqués dans le protocole : il nous semble, mon prince, que pour peu qu'on veuille la paix sans arrière-pensée qui la rende impossible, il ne serait pas difficile d'y arriver sur cette triple base. »

Pour appuyer et faire valoir les dispositions pacifiques manifestées dans cette lettre, le cabinet de St-Pétersbourg les fit commenter auprès de plusieurs États de la Confédération par M. le colonel Issakoff, et sans attendre l'acceptation des conditions qu''il avait mises à l'évacuation complète des Principautés, il commençait à concentrer les troupes sur le Sereth, rivière qui se jette dans le Danube parallèlement au Pruth et coupe en deux la province de Moldavie. Ces déclarations, en écartant toutes les éventualités de guerre prévues dans l'annexe du traité de Berlin, facilitèrent l'accession de la diète à un traité qui ne devait point la mettre en état d'hostilité contre la Russie. Mais la Prusse et l'Autriche, privées de l'argument de pacification que leur aurait fourni l'*évacuation immédiate et sans conditions*, jugèrent moins favorablement la réponse du chancelier. « Nous regrettons franchement, écrivait M. de Buol, le 9 juillet, que la cour de Russie ait cru devoir lier l'acceptation de notre

proposition à une condition qui est évidemment
indépendante de notre volonté. Mais comme néanmoins la demande de la Russie présente un côté
équitable et que S. M. l'empereur d'Autriche attache une grande importance à ce que le dernier
moyen qui semble propre à conduire à une entente
soit épuisé, le cabinet impérial s'efforcera de se
servir d'autant plus de cette communication auprès des puissances maritimes qu'elle nous paraît
contenir dans son ensemble l'expression du désir
réel d'arriver à une conciliation. » La Prusse ac-
cueillit ces ouvertures avec un peu plus de satisfaction. « Le roi, écrivait le 17 juillet M. de Manteuffel, apprécie l'esprit de conciliation qui les a
dictées et S. M. estime à sa juste valeur le désir
sincère qu'exprime le langage de M. le comte de
Nesselrode de tenir compte des vœux et des obligations des anciens alliés de la Russie, ainsi que des
intérêts qu'ils sont appelés d'une manière pres-
sante à protéger. Le roi, guidé par cette apprécia-
tion satisfaisante et persistant dans les vues ex-
primées dans une dépêche du 12 juin, s'appuiera
sur la réponse russe pour renouveler ses efforts
à Vienne, et de concert avec la cour d'Autriche à
Paris et à Londres, dans le but d'arriver sur des
bases équitables et pratiques à de nouvelles chan-

ces d'entente et de pacification. » Ces efforts ne furent point tout à fait infructueux, et, après un examen plus approfondi des propositions russes, M. le comte de Buol les appuya plus vivement que la dépêche citée plus haut ne pouvait le faire espérer auprès des cabinets de Londres et de Paris. « Je n'ai pas besoin, écrivait-il le 21 juillet à MM. de Hubner et Colloredo, d'appeler l'attention de Votre Excellence sur l'importance extraordinaire de résolutions que les puissances ont à prendre maintenant. Vous connaissez trop bien, monsieur, les vues qui ont dirigé invariablement la politique de l'empereur, notre auguste maître, pour ne pas deviner dans quel esprit S. M. désirerait voir les puissances belligérantes accepter les ouvertures de la Russie... La Russie ne fait pas difficulté de souscrire aux principes qui ont été consignés dans le protocole du 9 avril... Cette triple base pourrait, comme le pense la cour de Russie, servir de point de départ à des négociations qui seraient précédées d'une suspension générale des hostilités. Outre ces trois points qne la Russie se déclare prête à accepter, le protocole du 9 avril en contient à la vérité un quatrième, par lequel les gouvernements signataires se sont engagés à rechercher en commun les moyens les plus propres à rattacher l'existence de l'empire ottoman à l'équilibre général de l'Europe. Il nous paraît indubitable que l'acceptation complète de trois premiers serait un grand pas fait vers la solution de la question soulevée par le quatrième. » Mais les propositions russes, avant d'être transmises en Occident par le canal régulier des ambassades de Vienne et de Berlin, avaient été indirectement portées à la connaissance du cabinet de Paris par la voie détournée d'une des cours de l'Allemagne où M. le colonel Issakoff avait répandu ces propositions et les avait commentées de façon à produire sur les esprits l'effet le plus salutaire et le plus tranquillisant. Il arriva donc, par une singulière coïncidence, que le courrier porteur de la dépêche de Vienne en date du 21 juillet croisa le courrier porteur d'un refus catégorique en date du 22, et lorsque M. le baron de Hubner fut, pour employer les expressions du comte de Buol, mis en état de s'ouvrir avec franchise vis-à-vis du gouvernement français, l'affaire était réglée, l'empereur Napoléon parti pour Biarritz et ses ordres donnés. Ils consistaient :

1° En un rejet pur et simple de l'armistice proposé par la Russie;

2° En un refus de négocier sur la triple base

déduite par le cabinet russe du protocole du 9 avril ;

3° En la déclaration d'un minimum de quatre conditions de paix, susceptibles d'être étendues à l'avenir suivant les éventualités de guerre, savoir :

a) Substitution d'un protectorat collectif européen au protectorat particulier de la Russie dans les principautés de Moldavie, Servie et Valachie;

b) Libre navigation du Danube conformément aux principes consacrés par les Actes du Congrès de Vienne;

c) Révision de la *Convention des Détroits* (traité de 1841) dans un intérêt d'équilibre européen et dans le sens d'une limitation de la puissance russe dans la mer Noire;

d) Enfin protectorat, non point juridique et fondé sur des stipulations, mais purement amical auprès de la Sublime Porte en faveur des diverses communions chrétiennes.

Que pensa l'Autriche de cette réponse? L'Autriche avait trouvé les propositions de la Russie à peu près bonnes; elle trouva celles de la France excellentes, et sans s'être assurée de l'assentiment de la Prusse, sans en avoir referé à la diète et sans les avoir encore appuyées à St-Pétersbourg,. elle se les appropria en signant la note du 8 août[1]. Mais n'y avait-il point un moyen terme à trouver entre les propositions russes et les propositions françaises, et l'Autriche, qui avait approuvé les premières et ne désapprouvait pas les secondes, n'était-elle pas tenue par cela même de rechercher ce moyen terme? Le cabinet de Berlin, plus conséquent avec lui-même, essaya, mais en vain, de le faire; et tandis qu'il s'épuisait à fournir aux belligérants plus de paroles que d'idées vraiment conciliatrices, la Russie répondait par un refus au refus qui avait accueilli ses ouvertures.

« Le cabinet autrichien, écrivait M. de Nesselrode à la date du 26 août, nous transmet actuellement, *comme* résultat de ses conférences avec les cours de Paris et de Londres, des bases nouvelles de paix qui sont, quant à la forme, rédigées de la manière la moins convenable pour une adoption honorable et sur la signification desquelles nous ne saurions nous tromper, attendu que d'après l'aveu du gouvernement français, ce qu'on entend par l'intérêt de l'équilibre européen n'est pas autre chose que l'anéantissement de tous nos traités antérieurs, la destruction de tous nos établissements

---

1. Voir à la fin du volume.

maritimes, lesquels, par suite de l'absence de tout contre-poids, sont, dit-on, une menace perpétuelle contre l'empire ottoman et la diminution de la puissance russe dans la mer Noire. Ce sont là néanmoins les bases que le gouvernement autrichien nous recommande, et quoiqu'il nous exhorte à les accepter sans réserve, il n'en croit pas moins devoir nous informer que les puissances maritimes ne les considèrent nullement comme définitives et se réservent de les modifier en temps opportun, suivant les chances de la guerre; de telle sorte que notre acceptation des bases proposées ne suffirait même pas pour nous fournir même la prévision certaine de la cessation des hostilités. Le gouvernement autrichien va plus loin encore; il nous déclare qu'à son avis ces bases résultent du protocole et qu'elles sont les conditions indispensables d'une paix solide et durable; qu'il a pris l'engagement formel de ne traiter avec nous sur aucune autre base. Dans ces circonstances il devient inutile pour nous d'examiner des conditions que, tout en nous les posant, on déclare *mobiles et variables*, des conditions qui, si elles restaient telles qu'on nous les soumet, supposeraient déjà une Russie affaiblie par l'épuisement d'une longue guerre.... Nous croyons, dans notre position actuelle, avoir

épuisé la mesure des concessions compatibles avec
notre honneur, et nos intentions sincèrement pacifiques n'ayant pas été accueillies , il ne nous reste
qu'à suivre forcément la marche qui nous est
tracée par nos adversaires eux-mêmes , c'est-à-
dire à laisser comme eux aux chances de la
guerre le soin de déterminer la base définitive
des négociations. »

Ainsi fut stérilisée dans son principe et pour
avoir été conduite avec trop de précipitation, une
médiation dont l'Europe attendait la paix. L'Allemagne avait agi sans ensemble; elle avait tour à
tour accueilli les propositions des belligérants et
les avait transmises sans leur avoir fait subir les
modifications dont elles étaient susceptibles et qui
étaient peut-être dans la pensée de leurs auteurs.
A vrai dire, les puissances allemandes ont joué
entre les belligérants le rôle d'un messager plutôt
que celui d'un médiateur, et l'Autriche échappe
difficilement à ce reproche, ou d'avoir tour à tour
approuvé des propositions incompatibles, ou de
n'avoir point suffisamment cherché à concilier des
propositions conciliables. Enfin, de cette médiation
imparfaite il n'est sorti que des résultats imparfaits, mais pourtant considérables :

1° L'évacuation des Principautés;

2° La formule assez indécise de trois ou quatre points, qui tôt ou tard seront mis en œuvre.

L'Autriche du moins retira de ses négociations compliquées à Constantinople, à Berlin, à Saint-Pétersbourg et en Occident, le droit et la possibilité d'occuper sans coup férir les provinces de Moldavie et Valachie. Satisfait de ce point, le cabinet de Vienne décida, dans un conseil présidé le 6 septembre par l'empereur François-Joseph, que le rejet par la Russie des garanties exigées par les puissances occidentales n'était pas considéré par lui comme cas de guerre, et que l'Autriche, tout en ayant reconnu par la note du 8 août que ces garanties sont indispensables au rétablissement de la paix, continuerait à observer jusqu'à nouvel ordre sa *neutralité*. C'est de cette façon que l'on vit s'accomplir, sans aucune difficulté, sans aucune protestation et, pour ainsi dire, avec l'approbation de l'univers, l'acte le plus considérable que la guerre d'Orient ait encore provoqué, acte qui, par les circonstances qui l'ont accompagné, comme par le caractère qu'il pourra revêtir ultérieurement, est certainement l'un des phénomènes les plus singuliers de l'histoire contemporaine. Le traité du 14 juin, en vertu duquel il s'accomplit, ne reçut qu'une tardive et faible publicité[1]. L'opinion qui donne du retentissement à ce qui est sans valeur et néglige volontiers ce qui en a, n'y avait attaché qu'une faible importance, et quand l'occupation s'en déduisit par une conséquence pratique, les généraux autrichiens parurent comme des hommes de paix qui séparent les combattants[2]; les généraux russes eurent l'air de céder la place à un allié[3]; l'armée turque s'effaça; la

[1]. Voir le texte du traité à la fin du volume.

[2]. Proclamation du général baron de Hess, aux Valaques et Moldaves :

« Habitants de la Moldavie et de la Valachie, en vertu d'une convention conclue entre Sa Majesté l'Empereur, mon auguste maître, et la Sublime Porte, les troupes autrichiennes entrent dans les Principautés. Elles y sont appelées à écarter les fléaux de la guerre et à ramener parmi vous les bénédictions de la paix. Accueillez donc avec confiance ces garants de votre sûreté et de votre tranquillité future. Les priviléges qui vous sont assurés par la Sublime Porte restent en pleine vigueur. J'attends, du reste, des autorités du pays, toute l'assistance nécessaire. Toutes les autorités sont invitées en même temps à s'adresser dorénavant, en toute chose, au lieutenant général comte Coronini. Baron de Hess, m. i. Fin d'août 1854.

[3]. Ordre du jour lu le 13 août à la garnison d'Odessa :
« Sa Majesté l'Empereur a ordonné, dans sa haute sagesse, aux troupes qui étaient entrées en Moldavie et Valachie de se retirer, et de se tourner du côté où le danger

Porte se vit protégée ; l'Occident approuva ; l'Allemagne crut agir par son bras droit et il sembla que l'Autriche allait occuper les Principautés pour le compte de tout le monde. Elle ne les occupait en réalité que pour elle-même, et ç'a été là le premier fruit de ce système de *neutralité armée* qui a fait, depuis 1813, la fortune de la maison de Lorraine. Polybe dit que la neutralité ne donne pas d'amis et n'ôte pas d'ennemis. Alphonse d'Aragon, plus familièrement, parlant des Siennois et blâmant leur neutralité, les comparait à des gens qui occupent l'appartement du rez-de-chaussée, lesquels sont, disait-il, incommodés par les eaux du dessus et par la fumée du dessous. Mais tout cela est bien changé de nos jours, et le plus commode, à tout prendre, c'est d'habiter au premier.

Cependant l'Autriche, en occupant les Principautés d'une manière si avantageuse pour ses armes, pour ses finances, pour son commerce et pour sa diplomatie, manquait encore de sécurité. Cet établissement avait de l'avenir ; mais il n'avait

est plus menaçant. Pour protéger les Principautés contre une invasion des Turcs, l'ancien allié de Sa Majesté l'Empereur s'est engagé à les occuper en attendant.

pas de lendemain. La Russie s'était retirée ; mais sa retraite, effectuée d'abord par considération pour les vœux et les intérêts de l'Allemagne, avait fini par revêtir un caractère presque exclusivement militaire. « Des motifs uniquement empruntés à nos *nécessités stratégiques*, avait écrit M. de Nesselrode le 26 août, ont engagé l'empereur à ordonner à ses troupes de se retirer derrière le Pruth. » Il ajoutait : « Nous éviterons de propos délibéré un accroissement de complications. » Mais si la Russie se retirait par nécessité stratégique, d'autres nécessités du même ordre pouvaient, en dehors d'un propos délibéré, la ramener ; et l'Autriche, soit qu'elle craignît ce retour offensif, soit qu'elle voulût se mettre à même de le prévenir, s'efforça d'assurer à sa politique l'appui de l'Allemagne et le concours effectif de ses armées. C'est alors qu'elle voulut, ainsi que je l'ai dit, faire adopter par la Diète les quatre principes consignés dans la note du 8 août et demanda, en invoquant les conventions militaires annexées au traité du 20 avril, la mobilisation de tout ou partie du contingent fédéral. Mais il arriva ce qu'il était facile de prévoir. C'est que l'Autriche, qui avait conclu le traité du 14 juin et signé la note du 8 août sans consulter la Prusse ni la Confédération, n'obtint ni l'adhésion, ni le concours, et qu'ayant agi comme grande puissance à ses risques et périls, elle resta livrée à ses propres forces. Elle invoquait le traité de Berlin : on lui répondait que ce traité était hors de cause, puisque les deux *casus belli* fixés dans l'annexe n° 1, à savoir l'incorporation des Principautés à la Russie et l'attaque de la ligne des Balkans, n'étaient plus réalisables. L'Autriche faisait remarquer le sens évasif des déclarations russes et l'éventualité d'un retour offensif : on lui objectait que « si l'on voulait regarder le danger d'une réoccupation éventuelle des Principautés comme compromettant les intérêts allemands d'une manière durable, et en déduire des obligations militaires, cette manière de voir conduirait au résultat paradoxal, savoir que, pendant que toute l'Europe, y compris les puissances occidentales, ne regardait pas encore en son temps l'occupation des Principautés par les troupes russes comme un cas de guerre, on trouverait maintenant un pareil cas de guerre dans ce fait qu'elles y ont été. » L'Autriche, en dernière ressource, faisait valoir la possibilité d'une attaque, non plus des Russes contre les Turcs, mais des Turcs contre les Russes : et l'on invitait l'Autriche à s'opposer à cette reprise des hostilités. Que faites-vous, lui disait-on, dans les Principautés? Vous y êtes entrée pour protéger les intérêts allemands compromis par l'état de guerre et pour rendre aux habitants les bénédictions de la paix. Ces intérêts seront également compromis par une reprise quelconque des hostilités, et quant à la sécurité des Principautés, on ne voit pas bien ce qu'elles auront gagné, si au lieu d'une armée d'occupation elles en ont plusieurs, et si les Turcs viennent s'y refaire des coups qu'ils auront reçus sur le Pruth. Force fut donc à l'Autriche de prévenir le conflit, non point en invoquant vis-à-vis des Turcs un droit dont elle manquait de son propre aveu, mais en se bornant à présenter amicalement au Divan diverses considérations puisées dans l'état de l'armée turque et dans des motifs d'intérêt bien entendu. Ces représentations prévinrent en effet tout mouvement offensif des Turcs en Bessarabie.

Repoussée dans presque toutes ses tentatives pour attirer l'Allemagne à sa politique; découverte en présence d'un voisin dangereux et peut-être menaçant; obligée de s'assurer quelque part un concours effectif, soit pour résister si on l'attaque, soit pour attaquer au besoin, l'Autriche s'est trouvée peu à peu conduite à signer avec les puissances maritimes un traité d'alliance défensive, de toutes les alliances la plus avantageuse, puisqu'elle met en mesure de recevoir sans obliger immédiatement à rien donner. Ainsi, tandis que par le cours des événements, par l'insuccès et le succès même de sa politique, l'Autriche est portée vers l'orage sans le braver tout à fait, la confiance de la Prusse et des cabinets confédérés retient l'Allemagne dans les eaux tempérées de la neutralité.

On a critiqué amèrement cette politique de la Confédération et l'on a souvent dit que l'Allemagne, pour influer d'une manière décisive sur les destinées de l'Europe, aurait dû se laisser remorquer par celle de ses deux grandes puissances qui montrait le plus d'initiative et qui se trouvait, par position et par goût, plus disposée à soutenir activement sur le Danube ses intérêts propres si heureusement confondus avec ceux du continent. On a écrit aussi et l'on répète tous les jours que la Prusse amoindrit par l'isolement le prix de ses influences et le poids dont elle pèse en Europe. Il semble qu'en dehors même des vues et des sentiments politiques, on ne tienne pas suffisamment compte des situations et des nécessités intérieures du gouvernement prussien. C'est une habitude commune, et pour ainsi dire l'habitude de l'opinion publique, de considérer les cinq grandes puissances comme des individus armés d'un droit égal et de pouvoirs égaux pour se mêler aux affaires de l'Europe. Ce titre de grande puissance paraît être le résultat d'une force simple, analogue, tandis qu'il est au contraire la résultante de forces complexes d'une grande diversité et qui rendent chaque État plus ou moins apte à tel ou tel rôle, à telle entreprise ou à telle autre. Au premier rang de ces forces diverses vient se placer la force du système militaire. Or, bien loin d'être égales, quant à cette force, les cinq grandes puissances forment une échelle graduée où la Russie se trouve au premier degré, à cause du nombre de ses soldats et du temps qu'ils restent sous les drapeaux ; la France au second, l'Autriche au troisième, la Prusse au quatrième, parce qu'elle a un mauvais système militaire, et l'Angleterre au dernier, parce qu'elle n'en a pas du tout. Que si des grands États l'on passe aux petits, on voit que, par les affinités qui existent entre le régime militaire prussien et celui de la plupart des États germaniques et de la Confédération même, entre le régime militaire de la France et celui du Piémont, on voit, dis-je, que le Piémont entre naturellement dans l'alliance française et que les États confédérés sont naturellement portés à s'associer à la politique de la Prusse. C'est précisément suivant cette loi harmonique que les États paraissent devoir se grouper dans le mouvement militaire qui s'est emparé de l'Europe.

La Prusse, dit-on, ne doit son titre de grande puissance qu'à son régime militaire. J'en conviens : la Prusse n'est une grande puissance, ni parce qu'elle a une population médiocre, ni parce qu'elle est territorialement mal constituée et qu'elle a, comme on dit, la taille trop fine ; la Prusse n'est une grande puissance, ni parce qu'elle a un petit crédit et une grosse dette, ni parce qu'elle est savante et lettrée, ni même parce qu'elle a eu un roi qui s'appelait Frédéric le Grand. La Prusse est une grande puissance tout simplement parce que malgré sa population, son territoire et ses lettrés, elle peut mettre en ligne 500 000 soldats. Mais cette force est encore une faiblesse, et l'examen le moins approfondi du régime militaire de la Prusse démontre que, s'il est relativement utile à la Prusse en la mettant au nombre des grandes puissances, il présente en lui-même des inconvénients tels que la Prusse en souffre même comme grande puissance. Ce systeme, connu en Europe sous le nom de régime prussien, tient à la fois du moyen âge par les levées et de l'antiquité par le principe du service obligatoire. En Prusse, comme dans les républiques grecques et latines, tout citoyen est soldat. Cela est bon quand tout homme n'est pas citoyen ; quand il y a, au-dessous de la classe des citoyens, tout un peuple d'esclaves voués à la main-d'œuvre quoti-dienne des métiers. Il a fallu de nos jours des théo-riciens de parlement pour proposer l'adoption de ce régime dans un temps qui n'est plus le moyen âge et dans des sociétés dépourvues d'esclaves. Mais c'est à la pratique du régime contraire que la maison de Brandebourg doit la grandeur de ses destinées. Historiquement, rien n'est moins prus-sien que le régime prussien.

Dans l'origine, au temps de leur faiblesse, les Électeurs de Brandebourg n'entretenaient aucune milice réglée. Ils n'avaient qu'une garde de cent hommes et quelques compagnies de lansquenets réparties suivant les besoins du service dans les châteaux et les places fortes. En cas de guerre, on convoquait le ban et l'arrière-ban. La noblesse montait à cheval et les vassaux formaient une sorte d'infanterie. Quand une convocation avait lieu, les *États* fournissaient une paye de trois mois, et après ce terme chacun se retirait chez soi. Il faut remarquer qu'il y eut partout en Europe pen-dant le moyen âge et jusqu'au xviie siècle une fiscalité fort compliquée, mais très-raccourcie, faisant passer d'une main dans une autre, sous

forme de redevances, péages, impôts, presta-
tions, etc., une masse considérable de capitaux et
de produits. Cette fiscalité fonctionnait à la charge
ou au profit des individus, et le représentant du
pouvoir central, là où il y avait un pouvoir central,
manquait de ces moyens puissants et variés qui lui
permettent maintenant de rassembler en un instant
les sommes les plus considérables. De nos jours,
l'état de guerre peut donc devenir un état permanent
par le progrès même des institutions de fiscalité et
de crédit, généralement considérées comme des institutions pacifiques. Au moyen âge, les ressources
bornées des États arrêtaient la guerre et suppléaient
aux sentiments de paix qu'on n'avait pas ; tandis
qu'aujourd'hui on fait la guerre en aimant la paix.
Ainsi nous voyons, au XIXe siècle, la nation la
plus riche et la moins militaire soutenir les guerres
les plus opiniâtres et s'engager à la légère dans
les plus hasardées. Lorsque l'accroissement du
pouvoir central et de ses moyens financiers vint,
au sortir du moyen âge, prolonger les guerres en
fournissant l'argent qui les alimente, les États
restés étrangers à ce progrès furent obligés d'avoir
recours à toute sorte d'expédients. Dans le Brandebourg, par exemple, pendant la régence orageuse
de Georges-Guillaume et à l'occasion de la guerre

de Trente-Ans, les *États* donnèrent aux troupes qu'ils avaient levées le privilége de faire des quêtes dans tout le pays, pour fournir à leur subsistance. « Les paysans, raconte Frédéric, reçurent l'ordre de donner un liard aux soldats chaque fois qu'ils gueuseraient et des coups de bâton s'ils ne s'en contentaient. » Ce régime offrait bien des inconvénients dont le plus grand n'était pas de recevoir les coups de bâton. Avait-on soin de désarmer les troupes avant de les envoyer à la mendicité ? Après la paix de Prague, en 1635, un autre expédient améliora cet état de choses : l'Espagnol et l'Empereur fournirent des subsides, et de 1619 à 1640, l'effectif varia de 10 à 11 000 hommes. Enfin le *Grand-Électeur* Frédéric-Guillaume vint et fit une réforme dans l'État. Il établit une discipline, c'est-à-dire renvoya toute l'armée, en vendit une partie pour se faire de l'argent, et se mit en mesure d'avoir des troupes à son compte, seul moyen d'en être le maître. Au bout de cinq ans, il était à la tête de 14 800 chevaux et 10 000 fantassins, proportion intéressante qui s'explique par l'époque et par le voisinage de la Pologne, pays d'aristocratie où tout se faisait à cheval, la guerre et la politique. Par l'invention d'un système conscriptif dont les principes sont généralement adoptés aujourd'hui, le recrutement des régiments fut assuré et à sa mort le Grand-Électeur, selon sa belle expression, laissait une *armée immortelle*. Elle était de 28 500 hommes. Or, de même qu'il y a un certain chiffre de revenus qui fait qu'un financier devient inévitablement baron, il y a un certain effectif d'hommes armés qui fait qu'un électeur devient roi. C'est ce qui arriva en Prusse, l'an de grâce 1703.

L'état militaire s'accrut encore en devenant royal, et reçut sous le deuxième roi de Prusse, père du grand Frédéric, son développement le plus décisif. Telle fut la marche ascendante de la monarchie prussienne : le Grand-Électeur avait labouré, Frédéric-Guillaume ensemença, Frédéric fit la récolte. Le premier et le troisième ont reçu le surnom de grand, mais Frédéric-Guillaume le fut aussi puisqu'il fut économe. Comment se fait-il que les peuples n'aient donné à aucun roi le surnom d'*économe ?* Cela prouve bien qu'ils n'entendent rien à la politique.

Frédéric-Guillaume, tout en régularisant l'ancien système des milices, qui subsistait toujours, et en obligeant 5000 citoyens à se réunir tous les quinze jours pour faire l'exercice, savait bien que sa véritable force résidait dans l'armée régulière. Il en perfectionna encore le recrutement par des lois nouvelles ; il augmenta le nombre des régiments et, par un sentiment juste de la révolution que l'emploi des armes à feu produisait dans l'art de guerre, l'infanterie surtout reçut un accroissement considérable. Des compagnies d'artilleurs et de dragons furent créées. Il créa aussi des troupes d'élite, et tandis qu'il bannissait le luxe de ses États, il recherchait avec une curieuse avidité ces soldats de haute taille, qui sont le luxe des armées. Vers le milieu de son règne, le prix commun d'un homme de cinq pieds six pouces du Rhin était de 700 écus ; un homme de six pieds valait 1000 écus, et s'il était plus grand, le prix en augmentait suivant une raison géométrique. Un géant n'avait pas de prix. Plusieurs régiments n'avaient point d'hommes au-dessous de cinq pieds huit pouces. Le plus petit homme de l'armée avait cinq pieds six pouces bien mesurés. Il faut avouer que de tous les souverains, Frédéric-Guillaume fut, après Catherine, celui qui eut le plus de goût pour les grands soldats. Il cherchait à s'en procurer partout et par tous moyens. On le vit un jour troquer douze pots du Japon contre un beau régiment de cavalerie que le roi de Pologne voulait licencier. Tout cela fit une réforme dans les mœurs. Tandis que sous Frédéric Ier Berlin était l'Athènes du nord, sous son successeur Frédéric-Guillaume, elle en devint la Sparte. Le grand Frédéric nous en fait un piquant récit : « Quand mon père monta sur le trône, la magnificence, le luxe, les plaisirs disparurent; l'esprit d'épargne s'introduisit dans toutes les classes. Sous le règne précédent, beaucoup de nobles vendaient leurs terres pour acheter du drap d'or et des galons. Cet abus cessa. On ne s'attacha qu'à réprimer les dépenses inutiles. Les deuils étaient autrefois ruineux pour les familles. On donnait des festins aux enterrements. Les pompes étaient ruineuses. On drapait les maisons et les carrosses. Tout cela fut aboli. Les livrées noires furent supprimées, et depuis l'on mourut à fort bon marché.... Ce gouvernement militaire influa sur les modes. Personne dans les États prussiens n'eut plus de trois aunes de drap dans son habit, ni moins de deux aunes d'épée à son côté. » Frédéric était né spirituel, son père en mourant lui laissait de quoi devenir grand, c'est-à-dire les États héréditaires augmentés d'une partie la Poméranie, des trésors considérables et une armée de 72 000 hommes, bien équipée, bien disciplinée et déjà pliée à ces exercices qui doublent la valeur du soldat par la promptitude et la précision de ses mouvements. Cette armée régulière, *composée d'hommes exclusivement voués au métier des ar-mes*, reçut de la main de Frédéric un dernier et admirable perfectionnement. L'infanterie prit l'importance numérique qu'elle doit avoir et la cavalerie fut enfin réduite à de justes proportions. Les troupes furent éloignées des villes et bourgades dont le séjour est si funeste à leur santé, à la discipline, à l'esprit militaire, et réunies dans des *camps d'instruction*, où il fut possible de les habituer aux grandes manœuvres[1]. On apprit à l'in-

---

1. Le duc de Choiseul, ministre de la guerre, importa en France l'usage des camps d'instruction. Il ordonna que tous les ans 100000 hommes se réuniraient sous la ville royale de Compiègne. Le maréchal de Belle-Isle, son prédécesseur, s'était borné à envoyer son fils, le comte de Gisors, étudier en Prusse les manœuvres de l'armée prussienne. Mais Belle-Isle fut pendant son administration tellement obsédé par les solliciteurs, qu'il n'eut bientôt plus d'autre préoccupation que celle de les éconduire. Il la conserva jusqu'à ses derniers moments. Sa fièvre augmentant, ses gens songèrent pour lui à son salut, et réclamèrent les secours spirituels. Un prêtre arrive ; Belle-Isle entend du bruit dans la chambre voisine, et demande ce que c'est ; on lui dit que c'est le bon Dieu, et Belle-Isle répond : « Dites que je sais pourquoi il vient ; que je n'ai pas le temps de le recevoir ; que je donnerai un régiment à son fils. »

fanterie à passer rapidement de l'ordre en colonne à l'ordre en bataille, à marcher avec ensemble, à faire des feux redoutables par leur vivacité et leur intensité, à braver ces charges de cavalerie plus difficiles à soutenir du regard que du bras. *Un soldat maladroit*, dit Végèce, *n'est jamais qu'un conscrit, quelle que soit son ancienneté.* Frédéric était pénétré de cette maxime et s'appliqua à augmenter la valeur plus encore que le nombre de son armée. C'est ainsi qu'il put se soutenir contre tous ses voisins coalisés et les vaincre par ces mouvements imprévus qui déconcertent les Montecuculli et séduisent la Fortune. Pendant la guerre de Sept-Ans, son armée atteignit au chiffre de 250 000 soldats réguliers, et c'est aussi pendant cette guerre que Frédéric tira le plus grand parti de ces manœuvres nouvelles qui paraissaient comme autant de secrets : le jeu des colonnes, la ressource des carrés, le déploiement des brigades, l'appui des réserves, la conservation des intervalles, etc. Les charges de cavalerie prirent aussi plus d'ensemble et de régularité, et l'on vit pour la première fois 6000 chevaux exécuter, sous les ordres du fameux Seidlitz, une charge au galop sans désunion. Était-ce avec des soldats passant deux ou trois ans sous les drapeaux que de tels résultats pouvaient s'obtenir? Évidemment non.

Ces progrès durent avoir un terme. Sous le règne des successeurs de Frédéric le Grand un temps d'arrêt se produisit; les maîtresses de Frédéric-Guillaume II succédèrent au grand Frédéric et l'illuminisme à la philosophie. Les États ressemblent aux hommes; ils se reposent après avoir marché; le sommeil les prend et puis ils se réveillent en sursaut. Cela est arrivé de nos jours à l'Autriche et à la Prusse vers l'an 1813, mais bien différemment. Tandis qu'en 1849 l'Autriche revint pour ainsi dire à la vie par l'action triomphante du pouvoir royal, c'est le peuple en Prusse, c'est la nation qui se souleva et fournit du même coup l'instrument et la pensée d'une renaissance. La nation, sous l'influence des événements, s'était transformée en une armée où chaque citoyen était soldat. Frédéric-Guillaume III n'eut donc qu'à perpétuer ce mouvement et le régulariser pour donner à la Prusse une force militaire particulière, propre à écarter dans l'avenir des dangers pareils au danger passé. Ainsi régularisée, la force militaire de la Prusse se compose de quatre éléments :

L'armée permanente ;

Le premier ban de la landwher ;

Le deuxième ban de la landwher;

Un ban de landsturm.

Tout Prussien, depuis 17 ans jusqu'à 50, âge apomaque, entre dans l'un de ces quatre éléments, et les cas d'exemption sont très-rares. On n'exempte qu'à la dernière extrémité. Les myopes, par exemple, ne sont pas dispensés, et les porteurs de besicles n'ont qu'un avantage, si c'en est un, celui d'être placés au second rang, ce qui les éloigne encore de l'objet qu'ils voient mal. Quant aux presbytes, il y en a un grand nombre dans la landsturm, ainsi que l'indique le tableau suivant :

De 17 à 20 ans, le jeune Prussien fait partie de la landsturm ;

De 20 à 23 ans, il entre dans l'armée permanente, et les deux dernières années de ce service sont ordinairement remplies par des congés temporaires ;

De 23 à 25, il fait partie de la réserve ;

De 25 à 32, il fait partie du premier ban de la landwhei ;

De 32 à 40, du deuxième ban de la landwher ;

De 40 à 50, il rentre dans la landsturm.

Quelle sera la nature d'une armée ainsi recrutée et entretenue ? Son effectif sera considérable sans doute, puisqu'il comprend à peu près toute la population virile, et les dépenses le seront peu, puis-

que le soldat ne reste sérieusement qu'une année
sous les drapeaux ; mais il y aura un corps d'officiers peu nombreux[1], mais le soldat manquera de
vertus guerrières, mais les sous-officiers se trou-
veront condamnés à un éternel préceptorat, les
armes spéciales ne seront pas suffisamment étudiées
et les chevaux seront fatigués par des recrues sans
cesse renaissantes. Un grand effectif sur le papier,
peu d'esprit militaire, des sous-officiers dégoûtés,
des chevaux ruinés : telle est l'armée prussienne.

On voit que, de cette organisation suscitée par
l'accident d'une situation, il résulte pour la Prusse
une force particulière, utile à l'Europe, puisqu'elle
permet à la Prusse de faire équilibre à l'Autriche
en Allemagne et sans aucun danger pour personne,
puisque cette force est surtout défensive. D'après le
court exposé qui précède, on voit encore que, si la
Prusse doit sa puissance relative au régime actuel,
elle ne lui doit point ses progrès et sa grandeur dans
le passé ; que si, enfin, ce régime conserve la Prusse,
c'est le régime contraire qui a fait la Prusse. Ne
l'oublions pas : ce n'est point avec des bourgeois
empanachés que le grand Frédéric aurait pu enva-

1. Il n'y avait, en 1830, que 6675 officiers, tant généraux que particuliers.

hir la Silésie et partager la Pologne, vaincre à Friedberg et vaincre à Rosbach. C'est avec des troupes réglées, avec des soldats aguerris de longue main, engagés à vie sous les drapeaux, que ces grands travaux se sont accomplis et pouvaient seulement s'accomplir. La force militaire, quand elle réside dans le corps général de la nation, offre donc des inconvénients graves. Le soldat est difficile à mettre en mouvement, et, quand il est levé, il ressemble au conscrit de Végèce. Ce régime, contraire au principe général de la division du travail, enlève aux citoyens leur sécurité, aux états leur fixité ; il confond ce qui doit être distingué, l'esprit civil et le militaire ; et c'est une question de savoir si le trouble qu'il apporte à certains moments dans toutes les positions, l'interruption des métiers, l'absence du foyer domestique et toutes les autres perturbations qu'il entraîne dans les relations sociales ne se résolvent point définitivement en une somme d'argent équivalente à celle que nécessiterait l'entretien d'un effectif permanent inférieur en nombre et supérieur en qualité. Frédéric avait bien senti ce vice du régime abandonné par ses prédécesseurs et rétabli de nos jours. « Il faut observer, dit-il, que les grosses armées fixent les conditions plus définitivement qu'elles n'étaient fixées autrefois. Au premier coup de trompette qui sonne à présent, ni le laboureur, ni le manufacturier, ni l'homme de loi, ni le savant, ne se détournent de leurs ouvrages; ils continuent de s'occuper à leur ordinaire, laissant aux défenseurs de la patrie le soin de la venger. »

Quand un service public est organisé de façon à n'être bon ni pour les citoyens qu'il gêne ni pour l'État qu'il sert mal, il n'a plus guère qu'un moyen d'être bon pour quelqu'un, c'est d'être favorable aux étrangers. Serait-ce là le fait du régime prussien? Je m'abuse peut-être; mais il me semble que, si ce régime élève la Prusse et si la Prusse ne peut ni s'en passer ni presque le changer, il ne saurait cependant empêcher que, dans toutes les crises, sa qualité de grande puissance ne soit mise en question. Cette épreuve est dans la destinée de la Prusse; il est aussi dans sa destinée de la traverser, et l'on peut féliciter à bon droit le cabinet de Berlin de n'avoir répondu par aucune mesure d'entraînement aux instigations d'une presse passionnée. Avec un système militaire comme le régime prussien, qui ne voit qu'une déclaration de guerre détermine dans toute l'économie intérieure du pays une crise bien autrement grave qu'en tout autre pays soumis, comme la Russie, la France ou l'Autriche, au régime exclusif des armées permanentes, et qu'un souverain, justement soucieux des intérêts de ses sujets, ne saurait se résoudre qu'à la dernière extrémité à porter ainsi le trouble dans les situations; que, de sa part, une déclaration de guerre veut être fondée en *devoir* plutôt qu'en *droit*, et faite en vue d'un but bien déterminé; que cette mesure, dans un état pareil à celui où se trouve aujourd'hui l'Europe, doit être ajournée tant qu'il reste une chance pour que l'accord se rétablisse entre les belligérants; et que, s'il y a, par la nature douteuse des points en litige et par l'indécision des parties, un rôle de médiateur à jouer, c'est à ce souverain qu'il est naturellement dévolu? Ces considérations graves ont dicté jusqu'à ce jour la politique du cabinet de Berlin, et, bien loin de stigmatiser la faiblesse du Roi, il eût été, ce semble, plus convenable de rendre justice et donner des éloges à la consciencieuse fermeté avec laquelle il a su résister aux suggestions qui pouvaient l'entraîner d'un côté ou de l'autre, et le condamner prématurément à des mesures pesantes pour son peuple et d'un avantage équivoque pour l'Europe. Loin de là, cette confiance dans la paix et cette temporisation ont été envisagées comme funestes à l'Europe et à la Prusse, et, tandis qu'il fallait y voir une conséquence logiquement déduite de la situation de la Prusse et de son régime intérieur, on y a vu de l'inaction et presque de l'impuissance. Mais, je le demande, faut-il absolument tirer du canon et faire avancer des troupes pour agir? N'est-ce point agir que penser, appuyer, ménager, résister? Les corps ont-ils besoin d'être en mouvement pour agir sur ceux qui les environnent, selon toutes les lois de la pesanteur, de la lumière, de la chaleur et de l'électricité? N'agissent-ils point par leur propre masse, et cela n'est-il pas vrai surtout de ces corps organisés qu'on appelle États, lesquels ont une âme pour sentir, une intelligence pour comprendre, un organe pour parler? Qu'on ne reproche donc point à la Prusse son apparente inaction, car rien n'est plus agissant que son repos. Je sais qu'au moment où la Prusse, après se l'être réservé, reçoit une seconde fois des événements le rôle de médiateur, une combinaison imprévue semble l'exclure des négociations mêmes. Ce point mérite une attention particulière.

Le traité d'alliance défensive du 2 décembre 1854, entre l'Autriche d'une part, la France et l'Angleterre de l'autre, au lieu de produire immédiatement les conséquences belliqueuses qu'une partie de la presse occidentale en avait tirées, n'a eu jusqu'à présent pour résultat que de ramener la pensée et les efforts des cabinets sur l'ancienne formule des quatre bases du 8 août, et de renouer à Vienne le fil des négociations rompu avec la Russie. Par une déclaration fournie le 7 janvier 1855, le cabinet russe, qui avait accepté le 28 novembre les quatre garanties selon la formule occidentale, a reconnu en outre que l'interprétation de cette formule, donnée après le traité du 2 décembre par les ambassadeurs de France et d'Angleterre, n'offrait point un caractère tel qu'elle ne pût être aussi acceptée par la Russie et fournir l'aliment d'une conférence tendant au rétablissement de la paix; mais cette tâche laborieuse et délicate du rétablissement de la paix comprend trois opérations bien distinctes et qu'il importe de préciser.

La première consiste à donner de la note du 8 août une *interprétation* définitive, ayant un caractère synallagmatique;

La seconde consiste à conclure un *armistice;*

La troisième consiste à tirer de l'interprétation toutes les conséquences pratiques susceptibles d'être stipulées dans les clauses d'un *traité de paix.* Ainsi, rédiger un protocole, conclure un armistice et signer la paix : telles sont ces trois opérations C'est pour avoir mal conçu le caractère distinct et l'objet particulier de chacune d'elles qu'on a été conduit à penser que la Prusse allait se trouver de fait et de droit exclue de toutes les négociations. Établissons cette distinction :

Il est clair que la Prusse n'entre pour rien dans la conclusion de l'armistice et n'a aucune part à prendre ni dans les discussions ni dans la signature de l'acte, puisqu'elle n'est point belligérante. Mais il ne semble pas moins évident que la Prusse, étrangère à la seconde opération, doit participer à la première et à la troisième, aux divers titres particuliers de puissance signataire du protocole du 9 avril, du traité de Berlin, du traité de 1841, des actes du congrès de Vienne; et à titre général de grande puissance européenne. Comme puissance signataire du protocole du 9 avril, elle doit être admise à l'interprétation explicite des garanties à déduire de ce protocole. Comme signataire de la *Convention des Détroits*, la Prusse a évidemment droit d'intervenir dans toutes les négociations qui ont pour but d'apporter une modification à la règle maritime consignée dans ce traité. Comme signataire du traité de Berlin et s'étant engagée éventuellement à faire la guerre à la Russie, elle ne peut laisser à la puissance cosignataire seule le droit de régler avec les belligérants les garanties

propres à écarter le retour des deux éventualités
de guerre consignées dans ce traité, et l'on ne
peut admettre que les obligations militaires éven-
tuelles, contractées par la Prusse, puissent venir à
échéance, si elle n'est admise à prendre part aux
négociations d'où peut également sortir le rétablissement de la paix ou une aggravation de l'état de
guerre. Comme signataire des Actes du congrès de
Vienne, la Prusse ne saurait être écartée du règlement à prendre pour assurer la liberté de la navigation du Danube, conformément aux principes
établis par ledit Congrès. Enfin, et c'est là son
principal titre, la Prusse comme grande puissance
a droit, en vertu des usages qui constituent une
bonne partie du droit public, de prononcer pour
sa part dans les arrangements qui ont pour but
*de rattacher l'Empire Turc au système général de
l'Europe*; de fondre dans un *protectorat collectif* des
cinq grandes puissances le protectorat exclusif de
la Russie sur les Principautés; et d'établir en Orient,
sous quelque forme que ce soit, gracieuse ou synallagmatique, le *protectorat des puissances chrétiennes* en faveur des sujets chrétiens du sultan.
La Prusse, à moins de cesser d'être une grande
puissance, ce qui n'est point et ne saurait être
en question, participera à l'exercice de tous ces

droits; comment ne participerait-elle pas à l'élaboration de leur formule et à leur établissement ? Ces droits entraîneront des devoirs corrélatifs ; comment imposerait-on à la Prusse des devoirs qu'elle n'aurait pas consentis ? Son Excellence M. Drouyn de L'Huys écrivait à la date du 26 janvier 1855 : « Nous ne contesterons jamais son rang au cabinet de Berlin. » On ne voit point en effet comment il pourrait lui être contesté; mais il ne suffit pas de le reconnaître. Ce rang ne résulte pas d'une vaine classification, il entraîne des droits et confère des prérogatives. On ne voit pas davantage comment ces droits seraient maintenus et ces prérogatives respectées si les quatre grandes puissances modifiaient, sans la cinquième, des actes qu'elle a signés et lui imposaient, à son insu, des devoirs nouveaux. En pareille occurrence, la Prusse sans doute se croirait obligée de protester contre la validité des arrangements définitifs qui seraient pris pour elle sans son concours. Mais cette paix que tout le monde s'accorde à vouloir *solide et durable*, ne serait-elle point par cela même entachée d'une sorte de vice originel. Faite contre la Russie et sans l'adhésion de la Prusse, elle se trouverait avoir contre elle deux grandes puissances intéressées jusqu'à un certain point à la rompre, et ce serait bien le cas d'appliquer aux quatre garanties de cette paix future ces paroles du grand Frédéric : « Toutes les garanties sont comme des ouvrages de filigrane, plus propres à satisfaire les yeux qu'à être de quelque utilité. »

Il résulte clairement, si je ne m'abuse, de tout ceci, que l'intervention de la Prusse dans le concert de la diplomatie européenne est aussi juste qu'elle est avantageuse pour l'Europe, et que l'en exclure serait peut-être une faute. Cette difficulté sera donc écartée, et la Prusse, soit qu'elle juge, en fin de compte, peu compromettant de se lier aux puissances occidentales par une convention analogue à celle du 2 décembre, soit qu'elle adhère à la note du 8 août, soit qu'on lui reconnaisse purement et simplement, sans rien exiger d'elle, l'usage du droit qu'elle invoque, la Prusse pourra, comme l'Autriche, peser dans les conseils de l'Europe et trouver l'occasion de réaliser, en ce qui la concerne, d'une manière plus efficace qu'en 1854, les idées modérées, pacifiques et conciliatrices de la Confédération germanique.

Écartons les mots et allons au fond des choses.

Il y a deux sortes de médiations. Celle qui s'appelle médiation et qui, par la faute du médiateur ou par la faute des circonstances, ne réussit point

à aplanir le différend : c'est la médiation de 1854.
On préfère la seconde, qui, tout en ne portant pas
le nom de médiation, peut, dans le fait, en porter
les fruits : c'est celle que l'Europe attend aujour-
d'hui de l'Allemagne agissant par ses deux organes
extérieurs. Que la Prusse adhère comme l'Autriche
à ces formules vagues de la note du 8 août acceptées par la Russie, et son action, pas plus que
celle de l'Autriche, ne cessera pour cela d'être
empreinte d'un caractère de conciliation. La formule des quatre bases n'est rien sans l'interprétation qu'il s'agit d'en donner. L'interprétation ne
sera rien sans les mesures d'exécution qu'on en
déduira. L'action pacifique et médiatrice de la
Prusse et de l'Autriche se trouve donc seulement
déplacée. Elle portait autrefois sur *la formule ;* elle
porte aujourd'hui sur *l'interprétation ;* elle portera
demain sur les *moyens d'exécution*, et il y a lieu de
penser qu'elle peut s'exercer plus fructueusement
sur le terrain des conséquences que sur celui des
principes.

Ce rôle pacifique et médiateur résulte, à notre
sens, des précédents accomplis en Allemagne. On
a reconnu qu'à travers toutes ces péripéties de la
politique allemande la Prusse avait cherché à peser
sur l'Autriche et l'Autriche sur l'Occident ; mais

que si la Prusse et l'Autriche se trouvaient divisées
en particulier, elles s'accordent en général sur la
nécessité d'obtenir de la Russie la garantie dernière
des concessions déjà faites et de rétablir la paix, ce
qui n'est pas encore fait. Sans agir de concert, ce
qui ne saurait jamais avoir lieu, elles peuvent agir
en vue d'un but commun, celui d'obtenir pour
l'Occident la paix satisfaisante qu'il exige et pour
la Russie la paix dure mais honorable qu'elle accepte. Cette mission est délicate, et il semble que
l'insuccès de la première médiation rejaillisse sur
celle-ci. Cependant la difficulté ne dépasse point
la portée du génie de la diplomatie allemande. Que
cette diplomatie mesure l'étendue de ses ressources
à la gravité des circonstances pour assurer le succès de sa tentative, car, si elle échoue, les puissances allemandes seront jetées dans les périls d'une
conflagration générale ou dans les embarras d'une
neutralité non moins périlleuse.

Nous savons qu'en Allemagne bon nombre d'esprits sont d'un avis contraire et verraient volontiers la Prusse rester et l'Autriche rentrer dans les
limites du traité de Berlin. « Laissez, disent-ils,
laissez les belligérants s'abandonner à la fortune
et s'embarquer dans la question d'Orient comme
sur une mer sans rivages ; ne prétendez pas les

rallier et les guider avec une boussole que vous n'avez pas. Laissez-les s'épuiser, mouiller pendant six mois sur des côtes qu'il faut abandonner pendant six autres mois, prendre des places qu'il faut évacuer et ne pouvoir quitter celles qu'on ne prend pas. Ramassez vos forces sur vous-mêmes et sachez tirer d'une neutralité qui ne sera point troublée tous les bénéfices possibles, et de la paix tous ses bénéfices ordinaires. Voyez, ajoutent-ils, la Russie diminue ses taxes douanières, et la guerre donne à la Prusse le transit de la Baltique. L'Autriche occupe les Principautés et les occupera, d'après le traité du 14 juin, jusqu'à la conclusion de la paix générale; laissez-lui le temps d'y asseoir son influence, d'y travailler au profit de l'Allemagne en détournant vers les plaines fertiles du Danube l'émigration qui enrichit l'Amérique et dépeuple nos provinces. »

Cette politique d'isolement et d'égoïsme ne sera point celle de l'Allemagne, et la conduite tenue jusqu'ici par les cabinets de Vienne et de Berlin, prouve qu'ils comprennent mieux la grandeur et l'utilité du rôle qu'ils ont à remplir dans les conjonctures où l'Europe se trouve jetée. Ce n'est point un rôle de neutralité pure et simple. C'est un rôle d'active et intelligente médiation. C'est donc vainement que l'on voudrait essayer de séparer leurs intérêts des intérêts continentaux. Ces intérêts sont heureusement confondus, et pour conserver sûrement la paix à l'Allemagne, le meilleur moyen c'est de la rendre à l'Europe.

Aujourd'hui cette intervention pacifique de l'Allemagne prend un nouveau caractère d'utilité. On sait que les États-Unis d'Amérique cherchent avidement, depuis plusieurs années, le prétexte ou l'occasion d'intervenir dans les affaires de l'Europe. L'insuccès de la médiation essayée en 1854 leur a fait concevoir l'espérance de pouvoir se poser, à leur tour, en médiateur dans le cas d'une guerre générale. Ces idées se sont répandues. La presse américaine les a développées et l'on n'ignore point de quel côté les sympathies de ce médiateur devraient pencher. On peut encore prévoir que cette médiation exotique serait justement écartée, mais que dans ce cas les États-Unis chercheraient à intervenir en Europe par une alliance offensive que plus d'une considération pourrait faire nouer. On verrait ainsi le Continent, à la solde des deux grands capitalistes de l'univers, se déchirer de ses propres mains.

Sans pénétrer plus avant dans l'utilité pour l'Europe de trouver un médiateur dans son sein, c'est-à-dire en Allemagne, examinons maintenant les obstacles que cette politique médiatrice peut rencontrer dans le mouvement de l'opinion publique.

III.

De l'Opinion publique.

Un journaliste français distingué écrivait dernièrement ceci : « Il y a six grandes puissances en
Europe : la France, la Russie, l'Autriche, l'Angleterre, la Prusse et l'*Opinion*. » Mais qu'est-ce donc
que cette sixième puissance? où la prenez-vous?
Une force n'existe légitimement qu'à la condition
d'être limitée, définie dans son principe et dans son
action? L'opinion publique n'a rien qui permette de
la mesurer. On compte avec elle, dites-vous. J'en
conviens; mais sans savoir sur quoi compter. Que
peut-on attendre de l'intervention dans les affaires
européennes d'une puissance aussi légère et incon-
sidérée dans ses mouvements que lourde par sa
masse, qui n'a ni frontières, ni finances, ni agents
moralement responsables; qui ne se manifeste par
aucun acte authentique, qui parle et se contredit im-
punément; que chacun invoque à sa fantaisie et qui
sachant, dans le même moment, blâmer, approu-

ver, frapper, séduire, entraîner, se dérobe elle-même à toute sanction? N'est-ce point là une force délétère, éminemment propre à troubler le jeu de toutes les autres? L'histoire contemporaine montre que les gouvernements en deviennent également victimes, soit qu'ils lui résistent, soit qu'ils lui cèdent. En effet, derrière cette chose vague qu'on appelle sans raison l'*Opinion Publique*, derrière cette fraction de l'opinion publique qu'un gouvernement veut accueillir ou ménager, il y en a toujours une autre qu'il néglige et qu'il faudrait satisfaire, à moins d'inconséquence, au même titre que la première. Ainsi, depuis l'établissement de la démocratie en Europe, le pouvoir se trouve dans une position fausse, à la fois agressive et défensive, et si pleine de périls qu'il succombe à la tâche et n'échappe à Charybde que pour tomber en Scylla.

Le propre de la démocratie, c'est-à-dire de l'opinion publique agissante, c'est donc de multiplier et aggraver les difficultés inhérentes au gouvernement des États. Cette idée semble admise aujourd'hui jusque dans les pays les plus atteints de démocratie. Mais il semble qu'on s'en tient trop à l'idée sans se soucier des conséquences. Bien des gens croient avoir tout fait quand ils ont médit de la démocratie, et ils restent démocrates sans s'en douter. Ils ont eu la bonne volonté de se convertir ; la chose est faite à les entendre ; mais à les voir, ce sont encore de grands pécheurs.

L'année 1851, en ouvrant la seconde moitié de ce siècle, avait ouvert aux gouvernements la perspective d'un meilleur avenir. On vit à cette époque s'opérer, avec un remarquable ensemble, une série de mesures propres à replacer partout l'État sur sa base. Cette restauration européenne, commencée en Prusse par l'abandon de la *Loi organique* du 11 mars 1850 (juin), continuée en Autriche par l'émission des fameuses *Lettres de cabinet* (septembre), en Allemagne par plusieurs résolutions fédérales et par l'abrogation des *Droits Fondamentaux* (16 septembre), en France par la révolution d'État du 2 décembre, avait été couronnée en Angleterre par la retraite de lord Palmerston devenu in-supportable (26 décembre). Cette démocratie, bannie de la politique intérieure comme un danger, est-elle donc destinée à reparaître aujourd'hui sous de nouveaux auspices et sur un plus grand théâtre ? Consentira-t-on à ce qu'elle compromette la paix générale comme elle avait compromis la tranquillité de chaque État ? Les gouvernements ont reconnu que le peuple était un auxiliaire gênant. Vont-ils, dans les affaires plus hautes et plus délicates de la diplomatie, chercher un appui dans les inconstances du peuple, une lumière dans ses préjugés? Questions graves, que soulève l'état présent des choses en Europe. Si j'essaye de montrer à nu les rapports du Pouvoir avec l'Opinion, et de faire sentir comment ces rapports peuvent avoir contribué à précipiter la crise où nous sommes, et comment ils s'opposent, dans une certaine mesure, à son apaisement, j'espère que l'on ne me reprochera point une oiseuse digression. Le lecteur clairvoyant reconnaît que je suis dans le cœur de mon sujet.

L'opinion publique agit, suivant le malheur des temps, ou comme dominatrice ou comme auxiliaire du pouvoir. Elle travaille le gouvernement, ou c'est le gouvernement qui la travaille. De ces deux situations dérivent des résultats différents. Quand, par l'organisation des pouvoirs et les ressources qu'elle trouve dans la constitution, l'opinion publique est prépondérante, elle mobilise le personnel du gouvernement. Quand elle reçoit le mouvement et ne le donne pas, elle enlève seulement au pouvoir cette liberté d'allures et cette souplesse de main indispensables au maniement des affaires publiques. Mais l'une de ces situations conduit à l'autre par une pente rapide. L'opinion publique auxiliaire du pouvoir en devient peu à peu la dominatrice ; et, dans la pratique, les deux situations finissent toujours par se confondre. Une analyse rigoureuse doit pourtant les distinguer.

Ce qui rend inévitable, dans la première, une perpétuelle mobilisation du personnel gouvernemental, c'est que le point de vue des hommes au pouvoir et le point de vue de l'opinion publique ne sauraient être communs. Ils diffèrent essentiellement et nécessairement. La démocratie fait surgir sans cesse de tous les rangs et de tous les métiers, même les plus incompatibles avec l'exercice du pouvoir, des hommes qui aspirent au gouvernement. Sans point d'appui, ces hommes sont naturellement portés à en chercher un où ils peuvent le trouver, c'est-à-dire dans l'opinion publique, et ils se placent, à l'égard du peuple, dans une position analogue à celle du courtisan vis-à-vis d'un monarque qui serait faible, vaniteux, ignorant, superficiel, passionné, doué d'instincts tour à tour généreux et pervers. Or, le pouvoir étant toujours occupé par quelqu'un, il faut pour arriver au pouvoir que ce quelqu'un s'en aille : c'est l'occasion prochaine de la politique d'*opposition*. On parvient enfin, ou l'on arrive, mais à peine est-on arrivé, à peine tient-on le portefeuille de quelque ministère, qu'une soudaine métamorphose s'opère dans le ministre. Il devient conservateur, et, comme on dit, homme de gouvernement. Et ce changement d'idées, de pratiques et même de doctrines, ce changement, je prie qu'on le remarque, s'opère en lui de bonne foi, car dans tout ceci, en France particulièrement, ce n'est pas l'homme qui est mauvais; l'homme est le même partout et dans tous les temps; c'est le système qui est, je veux dire, était détestable. Mais quelle est donc la cause de ce retour miraculeux? C'est qu'il y a, dans l'exercice du pouvoir, je ne sais quelle lumière qui éclaire, je ne sais quelle force irrésistible et salutaire qui entraîne. On tient le gouvernail, et mille raisons se révèlent auxquelles on ne songeait pas. On aperçoit dès lors combien c'est une rude tâche de gouverner et combien elle renferme en elle assez de difficultés sans qu'il soit besoin de les multiplier comme à plaisir par des formes recherchées et bizarres de constitutions; que le gouvernement est le meilleur qui est le plus éloigné de l'anarchie, et qu'à une chose aussi nécessaire que le gouvernement parmi les hommes, il faut, comme dit Bossuet, *donner les principes les plus aisés et l'ordre qui roule le mieux;* on sent enfin, mais trop tard, que le pouvoir a ses conditions naturelles, ses exigences légitimes, qu'il a ses lois. Ce ne sont pas des lois écrites; ce ne sont pas des lois faites de main d'homme; et la main de l'homme est obligée de s'y soumettre. C'est la vis qui, une fois poussée dans un milieu résistant, vous entraîne le bras sans presque que vous vous en doutiez.

Mais cette révélation, tardive chez les chefs, est perdue pour le peuple toujours réduit au rôle de comparse ou de simple spectateur du drame politique. Le peuple prend en haine ses anciens favoris. Il les accuse de trahison, d'apostasie, de corruption : mots sonores qui formèrent de tout temps le fond des clameurs démocratiques. Et le peuple choisit d'autres favoris, déjà prêts, dans les couches inférieures de l'opposition, parmi ces révolutionnaires toujours purs, toujours vierges, toujours sauvages, toujours incorruptibles, à qui l'occasion a manqué de pécher. Ainsi le peuple, ou opinion publique, privé de cet unique et véritable enseignement qui dérive de l'exercice même du pouvoir, se trouve condamné par nature à un éternel noviciat politique et à de perpétuelles agitations. Il est conduit à rechercher sans cesse dans son sein des hommes nouveaux, et à les essayer tour à tour avec un égal insuccès. Tel est le sort des États démocratiques : c'est l'impuissance dans la mobilité.

Grâce à Dieu, cet état, qui fut le nôtre hier, a cessé de menacer la société européenne d'une ruine immédiate. C'est contre un autre danger, moins pressant, aussi grave peut-être, qu'il faut se prémunir aujourd'hui. Je veux parler du concours que les gouvernements se sentent disposés à recevoir de l'opinion publique.

C'est au célèbre M. de Stein que revient cette première idée de chercher le succès d'une politique monarchique en dehors de la sphère d'action des pouvoirs réguliers. On sait comment, au milieu des conjonctures les plus désespérées, il fit appel aux instincts populaires, et organisa les sociétés du *Tugend-Bund*. M. le prince de Hardenberg autorisa ces expédients et sut en profiter, ne se doutant pas qu'il préparait pendant la première partie de sa carrière, la besogne et le tourment de la seconde. « On agite la foule par la passion, par l'erreur, par la crainte, et de cette fermentation se dégage une force qui peut tout, mais qui passe vite et qui par elle-même ne crée rien; irrésistible comme la vapeur, subtile et stérile comme elle. La science de la foule, l'art d'y créer la force et de s'en emparer n'est point un attribut régulier du pouvoir. C'est un accident, un don de génie, quelquefois un don de circonstance, aussi propre à perpétuer l'esprit de révolution que commode pour le vaincre. » Qui ne voit dans ces remarquables paroles l'histoire du passé et la leçon du plus prochain avenir? Les gouvernements qui traitent avec la foule s'adressent à l'opinion publique. Or l'opinion publique est une puissance avec laquelle on ne peut s'entendre à huis-clos. Il faut des déclarations de principes, des discours, des manifestes, tranchons le mot, il faut des *programmes*. Tout gouvernement qui fait un programme abdique. Il contracte une dette dont l'échéance sera fixée sans lui; car les peuples savent en réclamer aujourd'hui le payement selon leur bon plaisir, et contraindre par corps le débiteur. Certes, personne n'est disposé à plus de vénération que moi pour Henri IV, mais qu'il me soit permis de le confesser, sa *poule au pot* me semble une légèreté. Que de fois les adversaires de la monarchie n'ont-ils point rappelé ce vœu, car ce n'était pas même une promesse, pour le comparer à la réalité et ne se sont-ils pas fait une arme d'opposition de ce mot qui fut une faute, parce qu'il eut l'air d'être un programme. Pour moi, tous les dimanches à l'heure de midi, je crois entendre s'élever de toutes les tables du peuple une injuste mais spécieuse protestation. Qu'on y songe: chaque parole adressée au peuple ou recueillie par lui se transforme en un engagement. Et comment engager cette chose inconnue qu'on appelle l'avenir? Montaigne dit que l'homme est un *subject ondoyant et divers;* comment, lorsqu'il s'agit de gouverner ce sujet, pourra-t-on garantir d'avance l'emploi d'un procédé bon pour le jour, et mauvais pour le lendemain? Ces engagements, l'histoire prouve que la raison d'État oblige à les méconnaître, comme la raison stratégique oblige un général à changer sa ligne d'opération, à essayer souvent plus d'une position avant de trouver la bonne. On ne doit pas rompre en visière à toutes les difficultés. Mieux vaut les aplanir ou les tourner. Gouverner c'est se plier[1] aux circonstances, et voilà pourquoi gouverner est un art. Mais si les gouvernements ne reviennent pas à l'ancienne méthode, qui consiste à administrer purement et simplement; s'ils continuent à inonder le peuple de programmes, l'art de la politique finira par devenir l'art d'éluder ses engagements, et je laisse à penser l'influence que cela peut exercer sur la moralité humaine. Accusés de manquer à leurs promesses, soit par mauvaise foi,

---

1. *Frangas non flectes,* belle devise chevaleresque, est une mauvaise devise d'homme d'État. J'aime mieux cette autre : *Flecti non frangi;* je plie et ne romps pas. C'est celle du vicomte Palmerston.

soit par impuissance, les gouvernements se verront universellement frappés de discrédit; et de la déconsidération à la ruine le chemin est court. Je signale entre toutes les causes des révolutions, celle des programmes adressés à l'opinion publique, comme une des plus agissantes. Ce n'est pas seulement dans un parlement que la manie de parler peut être funeste.

S'il est imprudent à un gouvernement d'exposer d'avance un plan de conduite, il ne doit pas non plus souffrir qu'on le lui trace. Sinon des programmes surgissent de toutes parts à la place ou à côté du sien, renchérissent sans qu'il leur en coûte; et tandis que les anciens, toujours sensés, se donnaient du moins au plus offrant, nous voyons, grâce à l'imprimerie, le public moderne s'abandonner à celui qui, sur du papier, promet davantage. Ainsi, peu à peu, par le travail inconsidéré des publicistes et les enchérissements successifs de la science et de l'ambition, la tâche des gouvernements se complique, leur responsabilité s'accroît, leurs chutes se multiplient. Le citoyen finit par tout attendre de l'État, des vertus et du bien-être; il se rapetisse et s'aigrit dans cette longue attente. Nous l'avons bien vu. On a imposé aux gouvernements tant de devoirs à remplir qu'il eût été miraculeux de les voir tous remplis. Ces gouvernements, républiques ou monarchies, se sont trouvés nécessairement en défaut sur quelque point, et leur faiblesse commune a permis qu'ils fussent jugés et condamnés trop souvent par un juge oublieux et emporté qui, ne pouvant à cause de sa vue bornée embrasser plus d'un objet à la fois, punissait une faute sans tenir compte de tous les bienfaits. Ramenons à sa mesure le gouvernement des États. Considéré dans son but essentiel, un gouvernement doit protéger et conserver; améliorer ne vient qu'après. Prévenir les délits par une police exacte, les réprimer par une justice intègre, concilier les particuliers ou vider leurs procès par l'intermédiaire d'un corps de magistrature dont la dignité, la fortune et l'indépendance garantissent l'impartialité; veiller à l'accomplissement des services publics; maintenir l'ordre au dedans, s'agrandir au dehors jusqu'à ce qu'on ait trouvé sa limite naturelle d'influence et de territoire; se ménager des alliances qui ne soient pas l'expédient d'un jour, mais fondées sur des intérêts durables : telle est la mission d'un gouvernement. Cette simple tâche est encore très-rude, et c'est bien assez d'empêcher les hommes de s'égorger sans avoir à leur rendre les délices du paradis perdu. Au dedans comme au dehors, c'est une tâche de protection ; mais la protection n'est efficace qu'autant que le protecteur est fort, et lorsqu'on avance que les individus seront libres quand le pouvoir sera pondéré, gêné, entravé, divisé, cela revient à dire que les grandes routes seront sûres quand la gendarmerie sera faible.

Le travail de l'Opinion publique, tout en affaiblissant le Pouvoir, a donc de nos jours si démesurément agrandi son œuvre, et l'a rendu tellement impossible en certains pays, que si, par hasard et par l'accident d'un homme, en un certain moment cet œuvre s'accomplit, l'homme paraît providentiel. Cet état ne saurait durer; la Providence peut se lasser et les peuples doivent se mettre en mesure d'être gouvernés par de simples mortels. Mais envisageons d'une manière encore plus précise les rapports du Pouvoir avec l'Opinion.

L'Opinion tend à faire sortir les gouvernements de la sphère normale de leur action. Si le Pouvoir une fois rétabli cherche à s'appuyer sur elle dans les actes qui sont de son ressort, un nouvel inconvénient se produit bientôt. Que par exemple les souverains ne se croient plus le droit de faire la guerre, sans l'adhésion du peuple; ils seront bientôt exposés à ne pouvoir plus faire la paix sans une adhésion pareille. Ils perdront cette faculté pré-

cieuse de reconnaître une faute, de faire un retour,
ou de changer de front. Je vois, quant à moi, dans
cette tendance à associer la masse de la nation aux
motifs d'une guerre et à son but marqué d'avance,
je vois non-seulement l'abus, mais l'abandon du
pouvoir et la cause possible des guerres d'extermi-
nation. Le point fondamental de la Principauté,
c'est que dans les plus graves conjonctures le
prince éclairé par ses conseils décide seul, par un
acte libre, spontané, individuel. Et c'est dans la
consommation de cet acte que réside la souveraineté, laquelle est détruite par tous ces systèmes,
écrits ou non, qui mettent au-dessus, ou à côté,
ou au-dessous de la volonté du roi, celle de son
peuple[1].

Je le demande, quelle volonté le peuple peut-il
avoir dans les affaires générales de l'Europe? Une
volonté s'appuie sur des raisons, sinon c'est un

1. A la fin de novembre 1851, M. Shaen répondant,
à la tête d'une députation des bourgs de Fingsbury et d'Is-
lington, s'adressant au vicomte Palmerston, alors ministre,
disait : « Jusqu'ici le peuple anglais a été quelque peu in-
souciant et réservé en ce qui touche les relations de l'Angleterre avec les autres peuples. Mais de récents événements,
joints à cette circonstance, que le *gouvernement l'a encou-
ragé* à s'en mêler, le peuple anglais prendra désormais
autant d'intérêt aux affaires extérieures qu'intérieures. »

caprice ou une passion. Comment ce peuple, que
Champfort définit d'un mot et que l'honnête recueil
des racines grecques de Port-Royal caractérise si
spirituellement; que dans les pays les plus civilisés, la France par exemple, on n'admet point à
prendre directement part aux résolutions les plus
élémentaires de la vie municipale, dans des
affaires à sa mesure et sur des objets qu'il pourrait
peut-être comprendre, puisqu'ils tombent sous les
sens; comment pourra-t-il, à l'état d'*opinion publique*, avoir un avis sagement motivé dans les
affaires de la diplomatie, où les intérêts sont si
vastes et si compliqués, les faits éloignés, les résultats plus lointains encore, et dans lesquelles,
malgré leur manie de publicité, les gouvernements
ne peuvent pas tout dire? Sur ces questions délicates qui font l'objet de ses études et de ses veilles,
l'homme d'État, réfléchissant dans le calme du
cabinet et dans le silence de toutes les passions,
découvre à la longue les intérêts, hésite sur la
limite indécise du juste et de l'injuste, et ne prononce qu'en tremblant. Comment attendrait-on un
conseil, une direction, un concours, un appui, et
je dirai même une approbation utile de la part
d'un peuple à qui ses lectures superficielles donnent juste assez d'instruction pour raisonner de

travers? Prenons ici les leçons d'en haut. L'Église n'est pas seulement *une mère*[1], c'est encore le modèle des États, et l'on reconnaît, dans l'économie de son gouvernement, ce génie qui préside aux établissements durables. Sachons y voir une monarchie, le pape, éclairé par une aristocratie, l'épiscopat, et un peuple de fidèles qui vient dans le temple, non pas y apporter, mais y recevoir la vérité[2].

Si pourtant le peuple est invoqué, consulté, invité à se prononcer dans les questions qui touchent aux rapports des États, cette intervention aura pour inévitable conséquence de faire prévaloir dans la conduite des affaires, non pas les idées, les raisons, les procédés supérieurs, mais, au contraire, tantôt le calcul grossier des intérêts, tantôt l'entraînement des passions nationales, et toujours, comme instrument, la force brutale. Le canon, qui était au moins l'*ultima ratio* des rois, devien-

1. Parole mémorable de M. le comte de Montalembert, dans une séance orageuse de l'Assemblée constituante en 1849.

2. Il ne faut point opposer à la réalisation de ces maximes, l'absence ou l'effacement du patriciat dans quelques pays d'Europe. Toute agrégation d'hommes renferme en soi un élément d'aristocratie. Il n'y a qu'à le dégager.

dra peu à peu la première et l'unique ressource des diplomaties démocratiques, et, par un cercle analogue à ceux que Vico a décrits dans l'histoire de l'humanité, les nations civilisées reviendront aux errements de Clovis et des princes ses contemporains. La politique d'équilibre européen, fondée sur le principe de l'*émulation*, de la conservation et du développement progressif de chacun, serait alors remplacée par une politique de violence, de destruction ou de limitation, qui empêcherait les uns de s'élever parce que les autres baissent. Je me souviens qu'en 1851 le vicomte Palmerston, cherchant à justifier devant le Parlement les mesures commises en Grèce contre le gouvernement de Sa Majesté hellénique dans l'affaire du Juif Jacifico, fut approuvé par la chambre des Communes et blâmé par celle des Seigneurs. Ce jugement opposé, porté dans un même pays sur une même affaire, montre bien le caractère qu'est amenée à prendre une politique qui va chercher son point d'appui dans la démocratie. Quelques observations sur les pratiques du journalisme, en ce qui concerne l'affaire d'Orient, feront ressortir cette vérité.

Lorsqu'on traite de l'Opinion publique, il faut envisager le Journalisme, sa forme concrète. Le journal est à la fois l'organe et le directeur de l'opinion publique. L'opinion fait le journal et le journal fait l'opinion. C'est donc par le journal que l'opinion, vague et insaisissable de sa nature, offre quelque prise. Tout le monde sent que l'ordre moral et politique, qui dépend de tant de choses en Europe, dépend surtout d'une bonne législation sur la presse[1]. Depuis que le journalisme a pris ce développement excessif que nous lui voyons aujourd'hui presque partout et même dans les pays où l'on croit généralement que son affaire est faite, un dilemme redoutable s'est posé dans l'esprit des hommes qui, par la puissance de l'abstraction, s'élèvent au-dessus des combinaisons éphémères de la politique des partis. Ce dilemme le voici dans toute sa rigueur : Le journalisme anéantira

1. L'auteur de ce travail croit devoir déclarer ici qu'il est partisan de la liberté de la presse par sa réduction; qu'à son avis, ce qui fait la force dangereuse d'un journal, ce n'est pas la liberté de sa pensée, c'est le nombre de ses abonnés; qu'une législation, fondée sur ce principe, doit tendre à substituer *la liberté des opinions particulières* au *despotisme de l'opinion publique.* Il supplie que l'on veuille bien ne pas trouver sa pensée obscure, impraticable, fausse ou contradictoire, sans avoir entendu ses raisons, qui ne sauraient être déduites dans un écrit exclusivement consacré à la politique extérieure.

le pouvoir ou le pouvoir réduira le journalisme.
L'histoire contemporaine, vue de haut, n'est que
le spectacle de cette lutte, mêlée jusqu'à présent
de revers et de succès, adoucie de temps en
temps par des transactions. En France, le gouvernement de la société avait été particulièrement
rendu impossible, dans ces derniers temps, par le
double abus de la presse et du régime parlementaire dégénéré. Le pouvoir s'est débarrassé de l'un
de ces obstacles. Mais, comme la France n'a pas eu
depuis longtemps tous les bonheurs à la fois, il s'est
trouvé que le mal dont on la guérissait était le
moindre des deux, celui qui n'est pas absolument
incompatible avec une politique élevée, avec le développement des talents, des intelligences et des
caractères. Un parlement épuré dans sa source, li-
mité dans son action, éclairant et secondant le
souverain sans le dominer, quand il est composé
d'hommes ayant une situation personnelle également indépendante du prince et du peuple et
qui n'ont à caresser ni le peuple ni le prince, est
un corps très-propre à rendre la nation forte au
dehors, tranquille au dedans. Tels furent à peu
près le *Sénat* de Rome, pendant quelques périodes
du principat; à Venise, le *Prégadi*. Un parlement
en soi n'est donc ni bon, ni mauvais. Ce qui est

mauvais c'est un parlement démocratique, qui vient
du peuple et qui y retourne trop souvent; c'est un
parlement représentatif qui représente autre chose
que lui-même; dont les orateurs discutent, non pour
s'éclairer mutuellement, mais pour se manifester à
la nation d'où ils tirent leur existence et d'où ils
veulent tirer leur force; c'est un parlement qui a
pour auditoire tout un peuple et la presse pour
drogman. L'endroit malade d'un parlement, son
cancer, si j'ose m'exprimer ainsi, c'est la tribune
des journalistes. Qu'on la supprime et les délibéra-
tions reprennent leur calme; les vrais et larges
intérêts retrouvent leur place, les discours se rac-
courcissent, les affaires s'expédient, car la tribune
s'ouvre aux spécialités et se ferme aux oraisons oi-
seuses qui retentissaient déjà sur le forum et l'a-
gora[1].

Mais si le régime parlementaire était dangereux
surtout à cause du caractère que lui imprimait le
journalisme, ne voit-on pas que le journalisme est
aujourd'hui d'autant plus dangereux à son tour,

1. On n'ignore pas qu'il y a des pays d'Europe où les
comptes rendus des séances du parlement sont officielle-
ment fournis aux journaux. Cette mesure, bonne encore
aujourd'hui, a pourtant moins d'utilité. Elle ressemble à
un objet de luxe.

qu'il est privé du contre-poids de la tribune? Il agissait fâcheusement sur la tribune, mais la tribune réagissait heureusement sur lui. Elle l'élevait un peu, le soutenait et le tempérait. La reproduction des discours de toute nuance pouvait neutraliser dans une certaine mesure la politique du journal dictée par l'esprit étroit d'un parti, et il n'était pas rare de voir le texte corriger l'effet du commentaire. Ainsi des deux forces, la tribune et le journal : la première, qui peut être bonne ou mauvaise, a été réduite à sa plus simple expression, et la seconde, qui, dans son développement matériel et numérique actuel, ne peut être que funeste, celle-là fleurit encore. C'était une nécessité. Il n'est pas possible de tout faire à la fois et d'un seul coup. On ne va pas toujours au plus pressé ; on commence par le plus facile. C'est la méthode de l'enfance et de la faiblesse ; c'est celle du pouvoir si affaibli en Europe. La tribune était l'habitude de cinquante ou soixante orateurs ; le journal, par la maladresse ou l'incurie des gouvernements, est devenu l'habitude quotidienne de tout un peuple. On pouvait rompre avec la première ; il fallait transiger avec la seconde. Entrons un peu dans le détail de la transaction.

A première vue, le journalisme est une force qui

semble pouvoir être employée indifféremment pour le bien et pour le mal. Partant de cette donnée, juste dans un certain sens, fausse dans un autre, les gouvernements ont entrevu depuis longtemps la possibilité d'utiliser cette force à leur profit. Lors donc qu'un gouvernement s'établit ou se restaure en Europe, il s'opère invariablement une manœuvre habile. La moitié du journalisme capitule, passe à l'ennemi et sauve l'autre moitié, qui continue de vivre en dehors du pouvoir et de travailler à sa ruine. Cette application du vieux précepte *divide ut imperes,* ne fait pas que le gouvernement devienne fort; du moins il subsiste. La presse subsiste aussi; seulement elle est divisée en plusieurs camps, et, comme le disait avec éloquence l'un des quarante de l'Académie française [1], il y a la presse qui ment parce qu'elle a des passions et la presse qui ment parce qu'elle a des intérêts. Il y a bien encore une troisième presse dont il ne parle pas, qui ne ment guère, qui a de l'esprit, de la raison, de la prudence; qui se contient lors même qu'elle est libre, qui a du respect pour toutes les choses respectables, pour l'autorité, pour la religion, pour la langue; qui s'occupe des idées parce qu'elle en a,

---

1. Voir le *Journal des Débats*, numéro du 2 juin 1854.

et laisse les personne ou n'en parle qu'avec égards.
Mais, de bonne foi, est-ce là une presse agissante
pour le bien comme l'autre ou les autres agissent
pour le mal? est-ce celle-là qui a du crédit parmi
ces classes de la société susceptibles d'enseignement et capables d'être influencées? est-ce là cette
presse qui s'étale et se traîne partout, dans la rue,
dans la boutique, dans l'échoppe de l'artisan, sur
la table des cabarets? Hélas! non. Celle-là s'a-
dresse à d'honnêtes gens qui n'ont pas besoin d'être
ramenés dans la bonne voie parce qu'ils s'y tien-
nent d'eux-mêmes, et je la trouve fort dangereuse
à sa manière, parce qu'elle empêche que beaucoup
d'esprits n'aperçoivent toute la profondeur du mal,
et parce que les honnêtes gens, qui lisent cette bonne
presse, pardonnent volontiers à la mauvaise, à condition qu'ils ne la liront pas.

Un des journaux français qui ont exercé sur
l'opinion publique, depuis une trentaine d'années, l'influence la plus considérable, contenait,
dans son numéro du 9 août 1854, un article sur
l'*esprit public*, dû à la plume romantique de son
rédacteur en chef, dont j'extrais le passage suivant :

« Pareille à ces torrents qui dans leur course
« vagabonde et furieuse promènent sur leur route

« la terreur et la dévastation, la révolution allait
« déraciner toutes les croyances, déchaîner toutes
« les ambitions, enfiévrer tous les esprits. Depuis
« longtemps la semence de tous les crimes et de
« toutes les folies avait germé dans les âmes labou-
« rées par le soc de l'impiété ; tout était prêt pour
« une moisson de sang et d'infamie. La tempête de
« 1793 éclata soudaine et terrible comme la foudre.
« C'est à la sombre clarté de cet incendie de pas-
« sions que la presse, sortant de ses langes, se ré-
« véla tout à coup dans toute sa force à la France
« épouvantée, comme une bacchante dans l'ivresse.
« Ce fut une véritable avalanche de journaux plus
« insensés et plus violents les uns que les autres,
« ayant pour enseigne des titres qui tous rivali-
« saient de bouffonnerie et de cynisme. Et cepen-
« dant, si souillée, si avilie, si extravagante, si
« sauvage, si sanguinaire et si dépravée qu'ait été
« la presse dans ces jours de démagogie et de vio-
« lence, dès ce moment elle conquit irrévocablement
« sa place dans la vie de la France et au soleil de
« la civilisation. C'est que la société devinait in-
« stinctivement que la presse apportait dans le
« monde une force mystérieuse qu'il eût été in-
« sensé, qu'il eût été impie de laisser inactive,
« car tout ce qui est une force est un don de Dieu,

« et il y a crime et folie à rejeter les dons de *Dieu*[1]. »

« .... La presse reste de bout sur les ruines qu'elle
« a contribué à faire comme l'instrument de propa-
« gande et de publicité le plus actif, le plus puis-
« sant, le plus rapide, le plus irrésistible enfin de
« tous ceux que la *Providence* puisse confier à la sa-
« gesse et au génie de l'homme. Quoi qu'on fasse et
« quoi qu'il arrive, la librairie et la presse, fleuves
« immenses jaillissant de l'imprimerie, roulant dans
« leurs flots la pensée, ce rayon de *Dieu* qui illu-
« mine l'âme, la conscience, le génie de l'homme,
« agiront désormais par des modes analogues,
« quoique différents, avec une égale puissance et
« une égale universalité, sur l'esprit public, qu'elles
« ont formé et développé; sur l'esprit public,
« qu'elles peuvent corrompre ou purifier, élever
« ou dégrader, éclairer ou aveugler, alors qu'elles
« obéissent à une inspiration salutaire ou fu-
« neste. »

J'ai cité ce morceau, intéressant à plus d'un
égard, parce qu'il me semble exprimer assez exactement l'opinion vulgaire sur laquelle les gouvernements se fondent pour accepter ou rechercher
le concours de la presse et lui laisser prendre

---

1. Le poison aussi est un don de Dieu.

peu à peu ce développement excessif que nous lui voyons aujourd'hui, espérant être de moitié dans les bénéfices. Le calcul est-il bon? Il me semble, quant à moi, que la presse dépendante se déconsidère plus par sa dépendance que la presse libre par ses licences, et que d'autre part le pouvoir obtient de la presse un concours plus dangereux qu'utile. Un journal se donne, mais c'est avec des restrictions; il se livre, mais en se marchandant. Le pacte conclu, ce n'est pas encore un instrument, c'est un auxiliaire et souvent un auxiliaire compromettant qui conserve de l'indépendance jusque dans sa servitude même. Il s'établit donc entre la presse et le gouvernement une solidarité qui peut être désavantageuse à l'une et à l'autre. Croit-on, par exemple, que le journalisme tel qu'il fonctionne dans un grand État du nord ait jamais servi les intérêts de sa politique? Ce serait une bien grande illusion, et ce qui le prouve, c'est que le gouvernement de cet État a, je pense, fait appel en plusieurs endroits au concours plus utile d'une presse qui paraissait libre. On se souvient que dans un autre État, en 1852, un journal dévoila maladroitement des projets qu'il disait tenir de la confiance même du souverain. Un démenti fut donné au journal, qui persista, reçut un avertissement, s'obstina, reçut un second avertissement et se tut enfin. Mais le mal était fait et l'on peut douter du remède.

Telle est l'alliance boiteuse du pouvoir et de la presse. L'un et l'autre s'y abandonnent en vue d'un avantage médiocre et passager. En fin de compte, on perd des deux côtés. Tandis que le pouvoir s'affaiblit et que la presse se discrédite, la presse libre subsiste, son influence s'accroît de sa liberté même; elle répand dans toutes les classes de la société le goût funeste des spéculations politiques, elle devient un besoin social, sa force augmente de jour en jour, elle éclate enfin par les révolutions.

C'est en vain qu'on veut faire bénéficier la presse du mal qu'elle n'a pas fait et que l'on cite à sa décharge des révolutions accomplies sans elle. Il y en a sans doute; mais cela n'empêche pas que la presse ne soit une force essentiellement révolutionnaire et pour ainsi dire l'âme et le lien de toutes les autres. Les révolutionnaires ne s'y trompent pas. C'est parmi eux que le journalisme considéré comme instrument politique, reçoit, je ne dis pas les meilleures, mais les plus ardentes louanges. L'Espagne en offre aujourd'hui la preuve, et puisqu'il est écrit que la révolution ne chôme pas en Europe, voyons ce que l'on pense aujourd'hui de la presse en Espagne. Je lis dans

le compte rendu d'un banquet de journalistes, présidé par Espartero, le 14 août 1854, le toast suivant porté par le général San Miguel, un homme
modéré en Espagne :

« Messieurs, ancien journaliste, patriarche du
« journalisme par le triste privilége de l'âge, je bois
« à la presse libre; je bois, messieurs, à une insti-
« tution que ne peuvent tuer ni les fers, ni les
« lois, ni les déportations, ni les exils (très-bien!
« très-bien ! — Une voix : Vive le général San Mi-
« guel!), parce que la pensée est une émanation
« de la *Divinité*[1], et qu'il n'y a pas de pouvoir au
« monde, qu'il n'y a pas de lois qui puissent la
« moissonner avec la faux pour l'anéantir, qu'il
« n'y a pas de force, qu'il n'y a pas de lois qui
« puissent étouffer sa toute-puissante voix.

« La presse n'a pas d'autre correctif que la
« presse elle-même. (Voix : Bravo! c'est vrai!)
« La presse n'a pas d'autre correctif que le bon
« sens public, la presse n'a pas d'autre correctif
« que l'éducation publique : seulement ainsi, elle
« est élevée et grande. C'est ce que nous voyons
« en Angleterre, le pays classique de la liberté; là
« la presse libre est une presse qui pense, une

1. Toujours la Divinité.

« presse qui administre, qui fait de la diplomatie ;
« c'est, en un mot, le grand levier social qui fait
« mouvoir les intérêts de l'État. (Bien ! bien !)

« Messieurs, je me flatte que ce moment que
« nous désirons tous est arrivé pour la presse (Oui !
« oui !) ; j'espère qu'elle sera digne de sa haute
« mission, que les journalistes se conduiront de
« telle manière qu'on leur saura gré d'exercer leur
« ministère élevé. Je l'ai exercé en temps de ré-
« voltes et de périls ; avoir été journaliste est pour
« moi une des choses qui me flattent le plus, c'est
« un des plus beaux souvenirs de ma vie, c'est
« le titre dont je me glorifie le plus. (Très-bien !)

« Je bois donc à la presse libre, à la presse digne,
« à la presse noble qui ne descend pas aux choses
« vulgaires, qui ne s'abaisse pas à des injures, à
« des outrages ; à la presse qui respecte le secret
« des familles. (Tonnerre d'applaudissements.) Je
« bois enfin aux hommes revêtus de ce noble *sacer-*
« *doce*, qui nous ont invités à ce banquet, qui sera
« célèbre parce qu'il inaugurera une nouvelle ère
« dans laquelle la presse libre et indépendante
« montrera à l'Europe et au monde entier qu'il y a
« en Espagne des journalistes qui savent écrire, qui
« savent penser et qui savent s'intéresser à la cause
« publique. (Applaudissements unanimes ; quel-

ques journalistes s'approchent du général et le pressent dans leurs bras[1].)

Je ne réfuterai point catégoriquement un pareil dévergondage de la pensée politique. Malheureuse Espagne ! plaignons - la et revenons à l'Europe pour examiner cette presse modèle; cette presse *qui fait de la diplomatie*. J'ouvre, presque au hasard, la collection du *Times*, et j'extrais de son numéro du 15 juillet 1854 le passage suivant :

« Nous sommes désagréablement frappés de
« voir que, même parmi les Etats qui par les pro-
« tocoles et par les traités se sont rattachés à la
« politique des puissances occidentales, la Russie
« compte encore des partisans et des alliés se-
« crets.... Il importe peu que le roi de Prusse
« soit la dupe ou *l'auteur* de ces intrigues. Il est
« entouré d'une cabale d'hommes sans conscience
« qui ne rougissent pas de prostituer la haute po-
« sition qu'ils occupent au profit exclusif des inté-
« rêts russes et qui savent exploiter avec adresse
« et succès l'outrecuidance et la vanité de leur
« souverain. Comparée avec la nation allemande,
« avec cette phalange d'hommes qui dans toutes les
« classes et dans toutes les positions, depuis

1. Voir la *Espana*, numéro du 15 août 1854.

« *l'héritier présomptif* jusque dans les derniers
« rangs de l'armée, sont prêts à remplir leurs
« devoirs envers le pays et à défendre l'honneur
« de la Prusse ainsi que les intérêts communs de
« l'Europe, cette camarilla ne forme qu'une insi-
« gnifiante minorité. C'est la *conspiration* d'une
« faction qui se maintient surtout comme instru-
« ment d'une puissance étrangère. »

Ainsi le roi conspire au profit de l'étranger, et
qui prononce sur ce point ? C'est un autre étranger
désagréablement impressionné de voir qu'on ne
partage pas absolument, sur une question européenne, sa façon de voir anglaise. Comment est-il
permis, même à un journaliste modèle, d'intervenir à ce point dans les affaires d'un gouvernement
étranger, qu'il puisse, pour peser sur les décisions
de ce gouvernement, soulever contre le Prince
l'antagonisme de la nation, scinder jusqu'à la famille royale, mettre l'héritier présomptif en état
d'opposition, et, par une dernière profanation, accuser le roi de conspirer contre l'honneur et les
intérêts de son peuple ? Je ne puis oublier que
ces mêmes arguments firent tomber la tête de
Louis XVI. Comme si la dénonciation indirecte
ne suffisait pas, on y joint les menaces les plus
explicites ; on trace à l'Europe ses devoirs envers

la Prusse et au peuple prussien ses devoirs envers son souverain, je devrais dire envers son sujet.

« La Prusse est le moins solidement assis des
« grands empires de l'Europe; également exposée
« aux attaques des quatre grandes puissances, et
« sur tous les points de sa frontière, la Prusse pa-
« raît oublier qu'elle doit son existence territoriale
« actuelle au droit public de l'Europe bien plus
« qu'à sa propre puissance et à l'union des parties
« qui la composent, et si elle persévérait dans une
« politique qui la détache de l'Autriche et de l'An-
« gleterre, elle court le risque d'allumer en Europe
« une guerre dont elle sera certainement la pre-
« mière victime, *car qui n'est pas avec nous est*
« *contre nous....* Nous désirons que la Prusse soit
« gouvernée par ses institutions actuelles, com-
« mencement de monarchie constitutionnelle, et
« non par la camarilla irresponsable qui entoure
« le roi. Nous désirons que la Confédération ger-
« manique, au lieu de rester un conseil inerte,
« devienne le grand conseil fédéral de la nation et
« dirige les ressources militaires de l'Allemagne
« vers la défense des intérêts allemands. Ce n'est
« pas notre faute si, au lieu de tout cela, nous
« trouvons la peur, la division et la servilité parmi
« les gouvernements et la nation impuissante à se

« *débarrasser* d'une politique que les neuf dixièmes
« de la population *qui pense* méprisent et abhor-
« rent. » On sait comment les peuples, quand il
leur arrive de penser à la manière des journalistes
anglais, se débarrassent d'une politique qu'ils ne
trouvent pas de leur goût. Les moyens savants of-
ferts par la constitution anglaise ne leur suffisent
pas toujours. Est-ce là ce que demandent les publicistes de la Grande-Bretagne? Qu'on en juge
par ces extraits du journal le plus accrédité, dont
les articles sont reproduits par la presse bonne ou
mauvaise de tout le globe, et qui conserve encore,
à cause du public auquel il s'adresse d'abord, une
sorte de modération relative. Telle est la *diplomatie*
de la presse anglaise. Mais cela mérite-t-il ce nom,
et n'est-ce pas bien plutôt l'oubli et le mépris de
toutes les convenances diplomatiques? Le gouvernement anglais, même dans ses bons moments,
tolère par son silence l'emploi de ces arguments violents et comminatoires, ces appels au sens insurrec-
tionnel si éveillé de nos jours; il encourage par ses
bons offices tous ces abus d'une presse licencieuse[1].

1. On se souvient des plaintes qui ont retenti dans le
Parlement, au sujet des facilités offertes aux correspondants
du *Times* en Crimée. Voyez, au compte rendu de la séance
du 26 janvier 1855, le discours de lord Winchelsea.

Comment ne craint-il pas d'en paraître le complice involontaire ? Le sens moral de Westminster et de la Cité est-il assez émoussé pour trouver équitable que des écrivains anonymes surexcitent les passions populaires en accusant à tort et à travers d'imbécillité ou de corruption les hommes éminents qu'un souverain honore de sa confiance ? Et, pour s'en tenir à la morale de l'intérêt bien entendu, ne voit-on pas tout le préjudice que cette polémique apporte à la politique des puissances occidentales, les antipathies qu'elle suscite, l'indignation qu'elle provoque, les craintes qu'elle inspire de voir la guerre d'Orient, toute politique à son début, se transformer peu à peu en une guerre de principes[1] qui réunirait contre l'Occident ce qu'une première modération et les vues d'équilibre ont déjà si heureusement séparé ?

Ces procédés de la presse anglaise ne sont pas uniquement destinés à éclairer le peuple anglais.

1 L'*Express*, dans un numéro de la première semaine de décembre 1854, formule ainsi sa pensée et ses espérances : « La lutte dans laquelle l'Europe se trouve engagée n'a pas pour but direct et immédiat d'encourager et de faire triompher le libéralisme, bien qu'elle doive avoir infailliblement ce résultat. » On devrait, ce semble, avoir plus d'égards pour un allié puissant et indispensable.

Ils ont pour principal objet d'influer au dehors sur l'opinion publique, et ce but est hautement avoué. « Lorsque nous discutons sur l'état des affaires de l'Europe et des pays étrangers, il nous arrive souvent de dire des vérités que les écrivains de ces pays, *moins libres que nous,* ne peuvent pas dire, et ce qui nous enhardit à parler, c'est que nos observations sur l'Allemagne trouvent un écho dans bien des cœurs. » (*Times,* numéro du 27 octobre 1854.)

Il résulte de ceci, je prie qu'on veuille bien le remarquer, et c'est par là que je termine ces considérations sur le mouvement actuel de l'*Opinion,* que la presse anglaise tend à exercer sur l'opinion publique de l'Europe une prépondérance que la presse des autres peuples est en général portée à subir plus qu'à contre-balancer ; qu'elle tend, en outre, à altérer le principe de chacun des gouvernements étrangers en jouant, vis-à-vis d'eux tous, le rôle d'une opposition d'autant plus libre qu'elle est plus à l'abri de toute mesure répressive ; qu'elle tend enfin à conférer au peuple anglais, en tout pays, une sorte de puissance tribunitienne, plus menaçante pour l'ordre politique que ne peut l'être le développement territorial d'aucun État. Que signifient désormais les constitutions et les lois locales, si chaque Souverain peut être censuré, guidé, éclairé, menacé, calomnié par une opinion qui n'est même pas celle de son peuple et par une presse sur laquelle, dans l'état actuel des choses, il n'a aucun recours direct ou indirect? Il est évident que ce privilége, accordé à la presse est subversif de toute indépendance au dehors et de toute autorité au dedans. Il y a là, pour l'Europe continentale, un danger qui s'accroît de jour en jour. Peut-être serait-il opportun, dans les négociations où l'Europe va essayer de régler ses comptes les plus pressés, de chercher à se prémunir contre ce danger. C'est, sans prétendre l'avoir résolue, la question que je veux poser dans le chapitre suivant.

IV.

Nouvelles règles à introduire dans le Droit international.

Le Droit public de l'Europe est l'ensemble des principes suivant lesquels doivent se régler les rapports d'État à État. Tous ces principes trouvent leur fondement dans un principe supérieur, emprunté au droit naturel, et ce principe fondamental, c'est le *principe de conservation*. Tel est le droit international considéré dans ses éléments. Si on l'étudie dans son histoire, on voit que pour obéir à son principe, le Droit public, bien loin d'avoir été formé tout d'une pièce, l'a été au contraire par couches successives et, si l'on peut dire, par alluvions. Chaque époque de la vie des nations révèle un danger que conjure l'adoption d'une règle préservatrice; chaque besoin nouveau trouve une satisfaction nouvelle; l'orage éclate sur un point jusqu'alors épargné et l'on cherche un plus sûr abri. De là, dans le Droit public européen, une série de garanties dérivant

de situations diverses et une série de règles mar-
quant les phases successives de la vie internationale.

Le Droit public n'est donc pas un droit immua-
ble; il a ses désuétudes, il a ses innovations; mais
il change pour conserver. Sa destinée est de s'accroître quand les rapports de ses États se multiplient, et puisque les usages et les inventions du
xixe siècle ont multiplié dans une proportion énorme
les relations internationales, ces mêmes usages et
ces mêmes inventions doivent entraîner une extension correspondante des garanties publiques. Nul
ne peut nier, à moins d'une complète cécité, que
la vapeur et le journalisme n'aient transformé ra-
dicalement la situation des États européens; à cette
situation nouvelle, il faut deux règlements nouveaux : le premier concernant le *droit d'asile*, le
second concernant *la presse en matière de politique
étrangère*. Je laisse de côté le premier de ces règlements, qui ferait à lui seul l'objet d'un mémoire
particulier, pour ne m'occuper que du second, plus
étroitement lié à mon sujet, et après avoir fait
observer qu'il ne s'agit point d'opérer une mesure
contre-révolutionnaire, ni de supprimer un élément qui a pris sa place en Europe, mais d'empêcher seulement qu'il ne prenne celle des autres,

je demande s'il n'est pas juste, prudent et opportun de fixer, par une délibération collective des puissances, les principes d'une législation générale de la presse en ce qui concerne la politique étrangère, comme chaque peuple a pour la presse, en ce qui concerne la politique intérieure, une législation particulière? Ces deux législations, dont la seconde existe et la première devrait exister, ont un objet distinct; les délits qu'elles ont pour but de prévenir ou de réprimer sont d'une portée bien différente; tout commande de ne pas confondre ce que la nature a si bien séparé. Laisser à chaque État le soin de tolérer, ou de réprimer, à la mode du pays, des actes qui touchent un autre État, c'est lui laisser une indépendance qui compromet celle d'autrui. La première garantie d'une législation efficace serait donc de rendre le gouvernement du pays où le délit a été commis responsable de sa répression, car, là où ce gouvernement accordera aux représentants d'un souverain étranger un droit d'action devant une juridiction hostile ou insuffisante par nature, le droit est illusoire, le remède impuissant, le mal s'accroît en paraissant combattu, et toute sécurité disparaît. Ainsi, déterminer les délits d'une manière assez précise pour que la personne des Souverains, la dignité de

leur couronne, l'indépendance de leur gouvernement, l'honneur de leurs ministres soient défen-
dus par une barrière bien visible et qu'il soit difficile de franchir sans propos délibéré; rendre les
gouvernements locaux responsables de l'application des mesures préventives ou répressives, et
donner aux gouvernements étrangers, vis-à-vis des
gouvernements locaux, un droit bien défini d'action, de représentation, et de recours en dernière
ressource aux moyens de toute sorte que le droit
public met à leur disposition : tels seraient les
trois objets de la *Législation internationale de la
presse* fondée sur les principes de conservation,
d'égalité et de réciprocité.

Et qu'aucun État, y compris l'Angleterre, ne
vienne objecter que ses lois ou les manies particulières de son peuple s'opposent à l'établissement
d'une aussi salutaire législation. L'Angleterre invoque assez souvent l'intérêt général pour savoir
que les convenances particulières doivent se taire
devant un intérêt collectif évident. La vapeur relie
les pays maritimes aux autres pays par des liens si
étroits, que la Grande-Bretagne touche plus qu'aucun autre à tous les États de l'Europe. Cette puissance, commercialement et politiquement, est plus
au centre de l'Europe que l'Allemagne elle-même;

ses vaisseaux innombrables en font une puissance limitrophe de toutes les autres. Perdant les inconvénients de sa position insulaire, elle en doit perdre aussi quelques priviléges. Elle ne serait donc plus recevable à opposer son isolement, car son isolement est un vain mot. Si le peuple anglais voulait conserver indéfiniment des lois étrangères au continent et menaçantes pour l'ordre continental, il devrait renoncer aux positions si nombreuses et si fortes qu'il occupe sur le domaine maritime et commercial de l'Europe. Mais il n'est pas besoin de faire appel à de si grands et si solennels principes. L'Angleterre, qui vante avec tant de raison la modération de ses citoyens (quand il s'agit de respecter l'Angleterre elle-même), l'Angleterre où le respect des lois est une religion, l'Angleterre en matière de presse, comme en beaucoup d'autres matières, n'est point gouvernée par ses lois ; elle est gouvernée par des désuétudes.

« La liberté de la presse, droit redoutable, dit le libéral *Delolme*, qui ramène ceux qui gouvernent au niveau des autres hommes et *frappe sur le principe même de leur autorité*, a été le dernier privilége obtenu du pouvoir exécutif. La liberté, à tous autres égards, était déjà assurée, que les Anglais étaient encore, pour l'expression publique de leurs

sentiments, sous un joug pour ainsi dire despotique. L'histoire est remplie des sévérités de la *Chambre étoilée*, contre ceux qui osaient écrire en matière de gouvernement ; elle avait réglé le nombre
des presses et établi un *Licenseur*, sans l'approbation duquel rien ne pouvait être mis au jour. » Ce
tribunal de la chambre étoilée avait une procédure
simple et rapide. Il n'admettait pas l'*épreuve par
des jurés*, et Coke, après avoir fait l'éloge de cette
juridiction, dit que lorsque ses règles sont obser-
vées, elle tient toute l'Angleterre en repos[1]. Après
la suppression de la Chambre étoilée, ses ordon-
nances restèrent en vigueur sous le *Long Parlement*,
sous Charles II, sous Jacques II, et ce ne fut qu'en
1694, que le privilége jusqu'alors inouï de la
liberté de la presse fut établi. Cette liberté avait
encore ses limites, mais l'action du pouvoir, au lieu
d'être habilement mêlée de prévention et de répression, devint purement répressive et presque impuissante, puisque la répression elle-même fut
bornée par la déclaration préalable d'un jury.
N'est-il pas contraire à la nature des choses
que les délits de presse soient déférés au jury?

---

1. « This court, the right institution and antient orders
« thereof being observed, doth keep all England in quiet. »
Inst. 4, Court of star Chamber.

Qu'est-ce qu'un juré? C'est un lecteur, peut-être un abonné. On veut donc faire juger l'acte corrupteur par le corrompu. Cercle vicieux! L'inconvénient de ce système est surtout frappant en matière de politique internationale, et dans ces questions où le patriotisme à outrance du juré, où l'ardeur de ses opinions personnelles devront le rendre souvent peu sensible à l'honneur ou à la sécurité d'un gouvernement étranger. D'ailleurs la répression ne réprime pas toujours. Il y a une sorte de délits, les délits intellectuels, tellement vastes et insaisissables dans leurs conséquences, et si facilement répercutés après leur première consommation, que la punition, quand elle est infligée au coupable, est vaine, illusoire, puérile même tant elle est particulière et ignorée. Le mal est fait, il subsiste, il se propage et le condamné a déjà payé son amende et vidé sa prison que le journal circule et se lit encore. Concluons qu'en matière de presse, le système répressif est insuffisant et que le préventif est le seul dont on puisse attendre un résultat.

Ces armes encore subsistantes, quoique imparfaites, le gouvernement anglais en fait-il usage? Les délits à réprimer, le sont-ils en effet? J'ai le regret de penser qu'ils ne le sont pas. Lord Brougham disait, il n'y a pas longtemps, à la tribune, que « la loi anglaise suffit amplement pour punir avec rigueur les moindres attentats ou libelles diffamatoires contre les constitutions et les souverains étrangers. » Lord Aberdeen exprimait la même opinion : « Nous espérons et nous sommes persuadés que la législation de ce pays suffit pour nous donner les moyens de remplir envers les États voisins et amis les devoirs que nous impose le droit international européen. » Suffit-il d'*espérer* en un si grave sujet ? et si les lords d'Angleterre peuvent à la rigueur se contenter de l'espérance, ne voit-on pas que les États étrangers ne sauraient s'en tenir là ? Au commencement de ce siècle, le gouvernement anglais poursuivit un nommé Pelletier, auteur d'un libelle diffamatoire contre le Premier Consul et un autre écrivain coupable d'offenses graves contre l'empereur de Russie. Mais la polémique d'un journal peut s'élever insensiblement jusqu'au libelle, et d'autant plus dangereusement que ce libelle se renouvelle tous les jours. En résumé, de deux choses l'une : ou les lois d'Angleterre suffisent au gouvernement, et alors le gouvernement anglais ne peut échapper à l'accusation de n'en point faire l'usage qu'il devrait ; ou ces lois sont réellement insuffisantes, et alors il faut les changer.

Les ministres anglais sont eux-mêmes intéressés à ce que des limites soient posées partout à la licence des accusations publiques. Quelque blasés qu'ils puissent être sur ce point, ils ont prouvé plus d'une fois qu'ils n'avaient point perdu toute susceptibilité. Dans une dépêche du 7 août 1840, lord Granville écrivait à lord Palmerston : « M. Thiers m'assura qu'il avait essayé d'arrêter la véhémence de la presse et particulièrement les attaques contre Votre Seigneurie. » Mais n'est-il pas évident que des droits aussi importants que ceux-là ne sauraient être abandonnés à la courtoisie d'un ministre ; ils demandent à s'abriter sous des stipulations précises, sous des sanctions et des responsabilités effectives. M. Disraéli, dans la séance du 18 février, disait « qu'une grande responsabilité pèse sur les rédacteurs de journaux ; que nul potentat étranger ne peut leur demander compte de ce qu'ils écrivent, et qu'il est par suite de la plus grande importance qu'ils mettent de la réserve dans leurs écrits. » M. Disraéli exprimait une idée juste, mais incomplète ; il donnait un conseil là où les conseils ne suffisent pas.

Si les *potentats* ne doivent pas réagir directement sur les écrivains étrangers, ils doivent avoir le droit d'agir sur le gouvernement local ; et ce gouvernement doit être suffisamment armé pour porter cette responsabilité. Tel est l'objet des nouvelles règles à introduire dans le droit public de l'Europe, et, si ces règles étaient en opposition avec les lois anglaises, ce serait tant pis pour les lois de l'Angleterre. Mais à Dieu ne plaise qu'il en soit ainsi.

Quel est le principe de cette constitution, sorte d'utopie réalisée, connue en Europe, depuis le dix-huitième siècle, sous les noms divers de monarchie constitutionnelle, gouvernement représentatif, régime parlementaire ou régime des deux chambres, etc. ? C'est l'*équilibre*, c'est-à-dire que les pouvoirs soient distribués ; que partout où il y a une force il y ait un tempérament, et que partout où l'action devient prépondérante il surgisse une réaction correspondante et proportionnée. Or, je le demande, où est aujourd'hui dans le corps politique anglais la force croissante et menaçante pour l'équilibre ? Est-ce dans la chambre des Communes ? non. Est-ce dans celle des Seigneurs ? non plus. Serait-ce dans la puissance exécutrice ? encore moins[1]. Où est-elle donc ? Elle est dans la presse.

1. Les rois de Sparte n'avaient rien par-dessus les Spartiates, excepté le titre, la préséance et une portion double aux repas. (Hérodote, livre VI. Thucydide, livre V.)

C'est ce quatrième pouvoir qui, de ses humbles débuts, en est arrivé au point de nous faire entrevoir tout à l'heure un remaniement de la constitution même. C'est donc là que, soit par des lois nouvelles, soit par un retour mesuré aux anciennes attributions du pouvoir exécutif, il faut mettre le contrôle, car là est la force.

Déjà la licence de la presse anglaise avait pesé outre mesure au commencement de ce siècle sur les relations internationales. Lord John Russell avoua, dans cette même session de 1853, que le langage violent des journaux fut, après la paix d'Amiens, la cause de la reprise si malheureuse des hostilités, et, de nos jours, M. Drummond a pu, dans la séance des communes du 26 janvier 1855, émettre cette opinion, que « l'expédition de Crimée avait été entreprise pour céder aux clameurs de la presse. » Sans partager cette opinion, au moins en ce qui concerne un des alliés de la Turquie, nous sommes en droit de conclure que la réglementation d'une force si pesante sur les événements est réclamée par la plus impérieuse nécessité. Comment cette nécessité, déjà sentie par bon nombre d'esprits en Angleterre, ne serait-elle pas admise sur le continent, où quelques écrivains se sont fait l'écho ridicule des violences de la presse anglaise. Le congrès de Vienne a eu pour but de réagir contre le mouvement militaire issu de la Révolution française, et, par une triste nécessité, la France a dû subir la loi du vainqueur. La presse attend aujourd'hui ses traités de 1815.

V.

Erreurs et dangers du jugement porté sur la Russie par la
plupart des organes de l'Opinion publique.

La Révolution française a produit quelque bien
et beaucoup de maux, parmi lesquels il faut mettre
au premier rang l'altération de cette langue, forte
et délicate, formée par trois siècles de goût, de politesse et de génie, et dotée, dans le siècle même
de son déclin, par la plume de Buffon, de Rousseau, de Voltaire et de Montesquieu, de qualités
nouvelles qui balancent le xvııᵉ siècle. L'éloquence
réfléchie, pathétique et recherchée de la chaire
chrétienne étant remplacée par l'improvisation ar-
dente ou négligée des assemblées politiques, l'ancien travail de composition étant abandonné pour
la production hâtive des romans, des brochures et
des journaux, et la langue n'étant plus gardée par
une aristocratie ayant assez de loisirs pour penser,
lire, étudier sa manière de parler et de sentir, une
inévitable confusion dut se produire entre le lan-

gage de la cour, de la ville et des halles. Par rapport à l'étranger, il est clair aussi que l'ancienne prépondérance de l'esprit français, s'exerçant par la triple action du sermon, du livre et de la conversation, devait laisser le champ libre à l'influence de l'Angleterre, pays natal de l'improvisation écrite et parlée, où il y a bien une aristocratie, mais où les nobles, toujours mêlés au peuple, ne se soucient guère de la forme, pourvu qu'ils puissent chasser, boire, voyager, gouverner et se battre à l'occasion[1]. Ainsi la Révolution change toutes choses, la société, la constitution, l'influence au dehors, la langue; et cette illustre Compagnie, la plus respectable des assemblées européennes, au lieu de représenter le présent, ne fait plus que défendre avec courage, avec esprit, avec désespoir, le précieux dépôt du passé. L'un de ses membres, vraiment immortel, avait peint la langue de son temps lorsqu'il disait que, de toutes les expressions qui peuvent rendre notre pensée, il n'y en a qu'une seule qui soit la bonne. Nous avons changé cela, et, de nos jours, une déplorable synonymie a envahi la

---

1. « Les Anglais nous répètent leur éternel refrain : Nous avoir voulu prendre Sébastopol, et puis aller passer l'hiver à Londres. » Lettre d'un officier français insérée dans le *Courrier de Marseille* du 23 février 1855.

langue française; les mots sont confondus; on les emploie indifféremment. Rien n'est plus commun, par exemple, que de voir la république confondue avec la démocratie, la *monarchie* avec le *despotisme*. Cette dernière confusion vient d'être commise au préjudice de la Russie par des écrivains habitués à mettre leur incorrection au service de toutes les erreurs; et comme, en fait d'erreurs de ce genre, le premier pas lui-même ne coûte rien, et qu'il est d'ailleurs naturel et primitif de voir tous les défauts chez un ennemi, on n'a pas craint de signaler la nation russe comme un peuple barbare, méritant à peine le nom de nation et indigne de figurer au banquet de la civilisation; on l'a méprisée, puis on l'a plainte. Mais il semble que toutes ces faiblesses de la vie privée devraient être bannies de la vie publique. C'est une maxime en politique, qu'il faut battre ses ennemis, mais vivre d'ailleurs avec eux comme avec des amis, parce que le temps change vite les situations et que les mauvais procédés, ne s'oubliant pas, deviennent des obstacles. C'était une autre maxime, qu'il ne faut point avilir un ennemi tombé, parce que cela est lâche, ni un ennemi debout, parce que cela est maladroit. Il était malheureusement réservé à la plus grande partie de la presse occidentale, et particulièrement à la

presse anglaise, d'oublier ces vieilles et salutaires
maximes, gardiennes des États et de la morale.
Jusqu'à présent il avait été admis que la sobriété
est une qualité du soldat. Le soldat russe a cette
qualité au plus haut degré; il vit de peu; on l'en
plaint, que dis-je? on l'en raille, et l'on accuse le
gouvernement de spéculer sur la naïveté de ses appétits. En face d'une vertu lacédémonienne, on
érige en système je ne sais quel sybaritisme de
corps de garde, aussi contraire à l'équilibre des
budgets qu'à la gloire du drapeau qui veut des
hommes à toute épreuve et dont l'énergie ne soit
pas à la merci d'un grog ou d'un rosbif. Jusqu'à
présent encore, on était convenu de flétrir partout
la désertion, et si le droit de la guerre permet à
un général d'accueillir un déserteur pour décou-
vrir les plans de son adversaire, cela était considéré
comme une triste nécessité, à peine conforme au
Droit des gens, fondé sur la morale universelle. On
donne maintenant à entendre, et l'on explique au
besoin, qu'il serait assez naturel d'abandonner un
drapeau quand la hampe de ce drapeau peut servir
de *knout*, et qu'à un tel gouvernement que le russe
la fidélité est une sottise. On raconte avec indul-
gence la défection supposée de garnisons entières
recevant l'ennemi comme un libérateur, et c'est

pitié de voir comment, après l'altération de la langue et l'oubli des maximes, une autre altération se produit dans les rapports de la morale avec la politique. Mais examinons froidement si l'empire russe est un état despotique et si la nation russe est un peuple barbare.

Le pouvoir royal n'a pas pris naissance entre le Dniéper et la Dwina de la même manière que sur le Danube, la Seine ou la Tamise. Dans la plupart des États européens, la royauté s'est établie, avec la noblesse des invasions, au milieu de populations déjà travaillées et organisées par la civilisation romaine. La royauté, se dégageant peu à peu de ces éléments divers, a fini par les dominer tous. En Russie, le pouvoir a surgi par cela seul que, là où il y a des hommes, il faut un pouvoir. La royauté n'y sort pas de la noblesse; c'est la noblesse qui procède du trône. Et, de son côté, le peuple ne fournit pas au souverain une force réglée : c'est le souverain qui règle le peuple, lui donne des lois, l'émancipe, l'élève et le pétrit comme un limon pour en faire une statue capable de rivaliser avec cette belle statue romaine que les rois barbares avaient trouvée debout, qu'ils ont renversée, mutilée, puis redressée et restaurée de leur mieux. La monarchie russe diffère donc dans ses origines et dans son action de la royauté occidentale. Elle est vraiment créatrice et domine d'autant mieux qu'elle domine sur des créatures. Mais il faut distinguer deux phases bien tranchées dans son histoire. Pendant la première, le pouvoir naît, s'affirme et se développe au milieu de tous les troubles et de toutes les violences : Novogorod est anéantie, Pskof est détruite; le pouvoir ne crée que lui-même, rassemble toutes les forces qu'il peut concentrer dans sa main et détruit le reste : c'est le despotisme. Mais, à la fin du xviie siècle, la Providence, qui suscite les grands hommes, fait entrer la tyrannie moscovite dans le giron des monarchies européennes.

Pierre le Grand n'est pas, comme on le dit généralement, bien que Lévesque et Karamsin se soient appliqués à réfuter cette erreur, le créateur du pouvoir et de toutes choses en Russie. Il n'est que transformateur. L'empire russe était en Asie ; il le jette en Europe et fait de Saint-Pétersbourg l'anneau qui l'y attache ; ses prédécesseurs étaient *Terribles*, il est grand ; avec lui le despotisme cesse et la monarchie commence. Elle s'est encore accrue, fortifiée, amendée depuis cette monarchie de date si récente, et il est impossible, à moins de s'aveugler volontairement, de retrouver en elle aujourd'hui son premier caractère. Ce qui détermine surtout la nature du pouvoir, ce n'est pas le nom dont on le décore ; c'est l'usage qu'on en fait et les procédés qu'on emploie pour l'exercer. Quel est donc le pouvoir despotique ? on le reconnaît à d'ineffaçables marques.

— Un homme à qui ses cinq sens disent qu'il est tout, et que les autres ne sont rien, est naturellement paresseux, ignorant, voluptueux. Il se débarrasse des affaires et les abandonne à un premier ministre. C'est une loi fondamentale de l'État despotique que plus le prince a de peuples à gouverner, moins il pense au gouvernement ; plus les affaires sont grandes et moins on délibère sur les affaires. Son ressort est la crainte ; ce n'est point par des honneurs qui mènent à la fortune que la noblesse est récompensée de ses services ; c'est par de l'argent qu'on récompense la servitude des grands, car il n'y a point de noblesse dans l'État despotique : tout y est égal. Il n'y a pas non plus de lois, et s'il y en avait, elles ne seraient que la volonté capricieuse et transitoire du souverain ; le juge est lui-même sa règle ; les peines sont cruelles ; le pays se dépeuple et l'État n'est en sécurité qu'après avoir fait le vide sur ses frontières. Il n'y a point de places fortes, car il n'y a personne à qui les confier, personne qui aime l'État et le Prince. —

Cette peinture convient-elle à la Russie où le prince règne, gouverne, administre, commande ses troupes et meurt, non pas de consomption dans les profondeurs d'une retraite voluptueuse, mais noblement à la tâche ; où le peuple se groupe autour du souverain, non par crainte, mais par amour et par une sorte de patriotisme religieux ; où la Noblesse reçoit et recherche les honneurs qui mènent à la fortune et au danger ; où il y a un système réglé d'administration, des Conseils provinciaux, des jurys locaux et des lois qui ne sont pas le caprice du souverain, mais des traditions recueillies et rassemblées dans une compilation que sa masse même défend contre les innovations ; où les services publics sont organisés sur une si vaste échelle, que l'unité de principes et la suite dans les errements sont une nécessité ; où le gouvernement a réduit autant qu'il a pu la férocité des peines ; où la population augmente chaque année suivant une proportion considérable ; où les provinces excentriques sont précisément les plus étudiées et les plus fécondées par l'initiative du gouvernement ; où ce même gouvernement développe partout les capacités qui le servent en servant l'État, favorise le commerce, encourage les beaux-arts, suscite l'industrie, fonde des colonies, entretient des universités, répand l'enseignement jusques en Sibérie, sème les villes comme Deuca-calion ; où il y a des places fortes.

Reconnaissons dans tout ceci les caractères de la monarchie. C'est la monarchie absolue, parce que le pouvoir n'a trouvé autour de lui d'abord aucun élément capable de le limiter ; mais cette monar-chie qui gouverne facilement ses créatures tra-vaille à se limiter de jour en jour par ses *créations* mêmes. Je veux dire que ces corps d'état et ces universités, ces classes affranchies et ces compa-gnies naissantes, ces organes de gouvernement et d'administration, cette aristocratie et ces forces productives que le gouvernement russe révèle au peuple ou met lui-même en œuvre, sont autant d'éléments qui pèsent et pèseront de plus en plus dans la balance politique de l'État ; que si les par-ticuliers sont faibles isolément, les institutions ont déjà une force considérable. Ainsi, tandis que la plupart des rois de l'Europe trouvent autour d'eux des éléments de date ancienne avec lesquels ils sont obligés de lutter et de conclure des armistices nommés *chartes*, le gouvernement russe, qui n'a point à octroyer de chartes, parce qu'on ne lui en

demande pas, crée autour de lui des intérêts nouveaux et nous présente le spectacle d'une monarchie qui se limite elle-même. En effet, la plus
solide barrière que l'on puisse opposer au pouvoir,
ce sont les intérêts. Les chartes ou constitutions
sont toujours abolies, violées ou abandonnées,
quand elles ne représentent pas des intérêts réels.
Ce sont donc les intérêts qui limitent le pouvoir,
et non-seulement ils le limitent, mais ils le com-
mandent si j'ose dire, et l'histoire prouve que
selon que les formules constitutionnelles expri-
ment ou non des intérêts, le pouvoir tombe pour
les violer ou pour ne les violer pas. Convenons
que la vraie limite du pouvoir réside dans la
nature des choses et dans la sienne propre. C'est
ce que la grande Catherine, en ses dernières années, exprimait à sa manière lorsqu'elle disait à
M. de Rumantzoff : « On se trompe en Europe sur
ce pays-ci ; on croit qu'un tzar peut tout faire ;
un tzar doit tout ménager, et quant à moi je tiens
compte de tout, même de l'opinion des vieilles
femmes. » Il y a sous ce mot léger la plus grave
leçon de politique. Que de conseils, que de délibé-
rations, que d'examen, que d'insomnies, quel
rude labeur caché sous cette ancienne rubrique
de nos rois : *car tel est notre bon plaisir!* On s'en

est bien amèrement plaint ou moqué. On oubliait
que le meilleur plaisir d'un Prince c'est de gouverner, je ne dis pas selon l'opinion, mais selon les intérêts de son peuple. Il y a en Russie des intérêts.

Il y a aussi trois institutions ou attributs du
pouvoir qui paraissent cependant aux yeux de
beaucoup de personnes le propre du despotisme,
c'est :

La constitution abstraite de toute la propriété du
territoire sur la tête de l'Empereur ;

La réunion dans ses mains du pouvoir spirituel
et temporel ;

Et le fonctionnement d'une police qui, dit-on,
n'a pas son égale en Europe.

C'est bien à tort, si je ne m'abuse, que l'on voit
en ceci trois marques du despotisme.

Une police suppose un but déterminé, des règles
pour l'atteindre, un personnel pour appliquer ces
règles avec discernement ; une police suppose une
procédure, ou du moins des procédés. Rien de
tout cela ne saurait exister dans l'état despotique.
On y frappe à tort et à travers. D'ailleurs ce n'est
point dans la nature même du pouvoir impérial
que cette police a sa raison d'être. C'est dans l'é-
tendue géographique d'un empire où les particuliers ne peuvent exercer sur eux-mêmes cette sur-

veillance réciproque qui rend la police presque inutile dans les petits gouvernements. C'est aussi dans l'état maladif et contagieux de quelques pays d'Europe. Il faut donc considérer la police de l'empire russe, non pas comme un attribut essentiel du pouvoir, mais comme un instrument de circonstance proportionné à la gravité du péril extérieur qu'il a pour but de conjurer. Quant à la réunion des deux autorités spirituelle et temporelle, ce n'est point là une condition étrangère à la monarchie européenne, et sans parler d'un pouvoir qui a sa racine dans le ciel, le pouvoir impérial de Russie n'est pas constitué sous ce rapport autrement que les États protestants. Enfin, pour ce qui concerne la constitution abstraite de la propriété de tout le territoire sur la tête de l'Empereur, c'est encore là une idée européenne qui découle à la fois du droit romain et du droit féodal. On sait que par la constitution de la République, l'Empereur était, concurremment avec le Sénat et le Peuple, propriétaire d'une partie des provinces, et que par la constitution de la Féodalité, tous les fiefs dépendent du suzerain. Louis XIV, en qui l'on ne voit pas un despote mais le modèle de la royauté, se considérait comme propriétaire de tout le royaume. Mirabeau développa cette théorie en mettant un mot à la place d'un autre ; la République, à qui les mots ne suffisaient pas, l'appliqua sur une grande échelle ; elle subsiste encore aujourd'hui sous le nom honnête d'*expropriation pour cause d'utilité publique*, et il faut se souvenir que sa forme aiguë, la *confiscation*, n'est abolie que d'hier dans les pays d'Europe les plus civilisés. Convenons donc en résumé que le pouvoir impérial de Russie, malgré ses origines despotiques, malgré sa police, malgré sa suprématie religieuse et malgré son caractère de propriétaire universel, n'est pas autre chose qu'une monarchie absolue ; que cette monarchie absolue n'est nullement en opposition avec les idées et les principes de la monarchie européenne, et que l'exercice de cette monarchie depuis cent cinquante années tend à multiplier les limites que tout pouvoir rencontre dans les intérêts organisés de la nation.

De même que la monarchie russe n'est pas un despotisme, la Russie n'est pas un peuple barbare. Ces deux propositions sont intimement liées ; de la première je passe à la seconde.

J'entends tous les jours définir la civilisation, et le fond commun de toutes ces définitions, c'est que la civilisation consiste en deux barres de fer sur lesquelles une chaudière de forme bizarre court

en vomissant une fumée nauséabonde et s'arrête à
chaque instant en poussant des sifflements aigus.
Selon l'idée la plus répandue, voilà la civilisation :
c'est un chemin de fer. Mais la barbarie n'a pas
encore été définie. Est-ce le manque de chemins
de fer? Est-ce un traîneau? ou bien est-on barbare
parce qu'au lieu de jeter, par des lectures indi-
gestes et choisies à l'aventure, l'intelligence dans
les tourments et l'imagination dans les chimères,
on s'en tient à quelques sentiments de religion et à
quelques idées de sens commun, en petit nombre
il est vrai, mais sûres, précises et qui conduisent
tranquillement de vie à trépas? Est-on barbare
parce qu'on a, sans qu'on s'en doute, comme le
sage d'Épicure [1], peu de besoins, et le moyen facile de les satisfaire? Est-on barbare parce qu'au
lieu de ne pas tenir en place et de courir le monde,
on aime la terre natale et on l'appelle *sainte?* Est-
on barbare parce qu'ayant la peau dure et les fibres
grossières que donne le climat du Nord, on aime

---

1. C'est un des prodiges de l'*opinion publique* en philosophie, que le nom d'Épicure soit devenu le symbole d'une
morale déréglée. La morale de ce philosophe est de toutes
celles de l'antiquité, qui eut comme on sait tant de morales, la plus ascétique. Épicure prêchait d'exemple. Il vi-
vait de pain et d'eau.

mieux recevoir un coup de bâton, ce qui est tout de suite fait, que de subir ces arrestations, et ces interrogatoires, et ces procédures, et ces solennités judiciaires et ces emprisonnements avant et ces emprisonnements après qui n'en finissent pas? Est-on barbare parce qu'on place le souverain bien dans l'autre vie et qu'on s'arrange de celle-ci par une ferme croyance à l'immortalité de l'âme? Est-on barbare parce qu'on ne contemple pas tous les quinze ans la ruine d'une dynastie et la sublime horreur des guerres civiles? Peut-être; et cette barbarie aurait du bon. Mais sans chercher une définition exacte de la barbarie en général, il nous semble que celle du peuple russe en particulier se formule dans la pensée de beaucoup d'hommes raisonnables ou raisonnant à peu près ainsi : le peuple russe est un peuple barbare, parce qu'il vit sous le régime du servage. Examinons donc le *servage* du paysan russe.

Il faut d'abord rappeler que, par suite des émancipations dues à l'initiative du gouvernement, et par suite des conversions librement consenties entre paysans et propriétaires de la corvée en *Obrok*, il n'y a plus qu'un tiers de la population qui soit soumis au régime de la corvée. Si l'on recherche ensuite les causes de la conservation de l'ancien sys-

tème, on voit que ce régime n'a pas les inconvénients
que des esprits prévenus lui trouvent à distance,
et que, résultant de nécessités locales de diverse
nature, il est, dans l'état présent des choses et dans
la pensée même de ceux qui y sont soumis, le
meilleur régime possible. « Tous ceux qui sont en
contact avec nos paysans, dit M. de Tegoborski
dans son beau travail sur les forces productives de
la Russie, ont souvent l'occasion de se convaincre
qu'ils se considèrent eux-mêmes comme apparte-
nant à leurs maîtres, mais que chacun d'eux envi-
sage en même temps les terrains exploités pour
son compte comme sa propriété, ou plutôt comme
une parcelle de la propriété commune qui lui est
tombée de droit en partage, et pour laquelle par
conséquent il ne peut pas être indifférent. » Il est
donc arrivé ceci de profondément instructif que,
en 1818 et 1819, l'empereur Alexandre Ier, obéissant à ses sentiments religieux et abolissant le
servage ou corvée dans les provinces voisines de
l'Europe, où il supposait que cette révolution dût
mieux réussir, rencontra chez les paysans une résistance devant laquelle il fallut plier. Et remar-
quons-le, le paysan russe était attaché au servage
non point parce que l'esclave finit par aimer sa
chaîne, non point parce que la corvée était une

vieille habitude. La race slave n'est pas de celles qui se font de l'habitude une seconde nature ; elle possède assez de souplesse dans l'esprit, assez de mobilité dans le caractère pour s'accommoder des changements : le paysan protestait par cette seule et bonne raison que le régime nouveau, dont il ne pouvait apprécier les principes sublimes, le faisait mourir de faim dans la pratique. Il ne suffit pas, en effet, de changer en propriété la possession du paysan et de lui dire : Tu es libre, pour le rendre heureux conformément à la philosophie. La substitution de la petite à la grande propriété et du travail libre et salarié à la corvée exige une masse considérable de capitaux et de monnaie ; il faut aussi que le sol, là où ce changement s'opère, fournisse au petit propriétaire de quoi payer l'impôt à l'État, l'indemnité au propriétaire dépossédé, et de quoi couvrir les frais d'exploitation. Si la monnaie manque et si, par la force des circonstances locales, les obligations inévitables du régime nouveau dépassent la somme des profits nouveaux, la culture s'arrête, les transactions deviennent impossibles, et des terres qui pouvaient nourrir un excédant de population quand on les cultivait par ordre, ne suffisent plus à la population existante. Or, comme le premier besoin est de vivre, n'importe sous quel régime, par une culture quelconque, grande ou petite, libre ou corvéable, force fut de revenir au système ancien et de le laisser subsister dans les pays où la petite culture ne pouvait réussir. Ainsi, l'abolition du servage en Russie, c'est-à-dire l'abolition de la corvée, c'est-à-dire l'abolition de la grande propriété, au lieu d'être une mesure générale fondée sur des principes absolus de philosophie religieuse, devint, par la force des choses, une mesure purement politique, appliquée seulement où elle pouvait l'être avantageusement, comme, par exemple, sur les rives du Volga.

Le savant M. Haxthausen a clairement exposé les nécessités de cette conservation dans une grande partie de l'empire russe : « Si l'on faisait présent à quelqu'un, dit-il[1], de tout le territoire d'un domaine près de Jaroslaw, à la condition d'y fonder une ferme à l'instar de celles qui existent dans les pays de l'Europe centrale, avec tout ce qui constitue l'inventaire d'un pareil établissement, et de l'exploiter de la manière usitée dans ces pays (c'est-à-dire par l'emploi de travailleurs libres), il se garderait bien d'accepter, car non-seulement il

---

1. Studien über die inneren Zustaende Russlands, t. I, p. 174.

n'en retirerait aucune rente, mais il serait obligé d'y ajouter tous les ans de nouveaux déboursés pour faire marcher son établissement. On voit que, dans ces contrées, on ne peut pas cultiver pour son propre compte une grande propriété, et pourtant on ne peut pas non plus l'abandonner. L'agriculture est ici non une entreprise de spéculation à bénéfice, mais une tâche imposée par la plus impérieuse nécessité. Dans l'état actuel des choses, voici l'opinion que je dois énoncer sur l'économie rurale de ces contrées de la Russie. Les grandes cultures ne peuvent se maintenir ici que de deux manières, savoir : moyennant exploitation par corvée, de telle sorte que le propriétaire n'ait pas besoin d'entretenir lui-même les valets de ferme, le bétail et les attelages employés aux travaux des champs, en d'autres termes, qu'il n'ait pas à supporter les frais de culture ; ou bien en établissant un système d'exploitation, lié à une entreprise industrielle qui fournirait les moyens d'utiliser les forces productives restées disponibles dans l'intervalle des travaux des champs, tels que les bras des hommes et la force motrice des animaux domestiques. Qu'il y ait dans ces contrées un certain nombre de grandes propriétés, c'est ce que je regarde comme d'une absolue nécessité ; car, sans leur concours, il n'y

a pas à songer ici aux progrès de l'agriculture. La
Russie a par conséquent besoin d'une noblesse dans
les campagnes, comme elle a besoin d'une classe
bourgeoise dans les villes, et l'agriculture ne pourrait pas se développer si la noblesse ne possédait
pas des biens-fonds et des établissements d'économie rurale qui lui rendissent la vie de campagne
agréable et nécessaire. Or, si l'existence de ces
grandes propriétés est une nécessité pour le progrès
de l'agriculture et du bien-être national, il s'en
suit naturellement que, dans ce moment, le servage ne peut pas encore être aboli, du moins généralement. »

Il a été aboli pour les deux tiers, ainsi qu'on l'a
dit plus haut, et quant au troisième tiers, il a été,
comme on pouvait le souhaiter, réglé par la loi et
placé sous la surveillance impériale. Déjà en 1797
un ukase avait fixé le maximum de la corvée ; en
1842 un autre ukase, en date du 2 septembre, a
déterminé avec précision les obligations de la corvée pour en écarter l'abus et l'arbitraire.

Mais il y a des lois ou rapports économiques,
résultant de faits matériels, qui dominent chez un
peuple la constitution de la propriété et influent
d'une manière plus décisive sur son bien-être. C'est
premièrement le rapport qui existe entre le nombre

des travailleurs et la somme de travail; seconde-
ment, le rapport qui existe entre la masse des
produits et le nombre des consommateurs. Si l'on
fait tous les calculs nécessaires pour établir ces
deux rapports en Russie, on découvre, entre elle et
les autres nations européennes, une différence qui
est tout à l'avantage du travailleur et du consom-
mateur russes. Tandis que dans la plupart des
pays d'Europe la terre manque aux bras et le travail aux ouvriers, en Russie ce sont les bras qui
manquent à la terre et les ouvriers au travail. D'où
résulte cette conséquence morale que, si en Occident les richesses brutes et la terre ont plus de valeur que l'homme, en Russie au contraire, l'homme
tient son rang et se trouve apprécié plus que la
terre et le capital. Aussi le chiffre des paysans habitant un fonds sert-il à déterminer son estimation
dans le langage ordinaire comme dans les formules
juridiques. On a vu là un avilissement de l'humanité; c'est le contraire qu'il faut voir. Et par une
autre conséquence, tandis que la famille souffre en
certains pays de l'extension de ses membres et de
l'inextension de sa propriété (quand elle est propriétaire), en Russie la propriété apparente, la possession et, ce qui est l'essentiel, les *fruits d'exploitation* s'accroissent toujours avec la famille.

Quant au deuxième rapport, celui de la production à la consommation, on trouvera, si l'on veut s'en donner la peine, dans le livre de M. de Tegoborski, les données comparatives nécessaires pour juger si le paysan russe est dans un état de malaise qui mérite le mépris ou la commisération. On verra que par le rapport du sol productif au nombre des habitants, par la production des céréales, celle du gros bétail et du petit; par la production chevaline, et les produits forestiers, éléments primitifs de la richesse d'un peuple, l'habitant de l'Empire russe se trouve mieux fourni qu'aucun autre européen des denrées nécessaires à la satisfaction des premiers besoins. On objectera peut-être que la répartition de ces produits ne se fait pas sur le pied de l'égalité, et qu'il n'est donné à chaque Russe ni suivant ses besoins ni suivant ses mérites. Mais cette répartition égale ou proportionnelle aux talents et aux appétits ne se fait pas encore, même en Occident, et il faut dire avec regret que ce n'est pas dans les pays où il y a le plus de chemins de fer, c'est-à-dire les plus civilisés, qu'il il y a le moins de paupérisme. Nous n'ignorons pas les prodiges que la statistique a opérés en ce siècle. Elle ne saurait sans doute, même quand elle est exacte, obtenir que des résultats imparfaits.

Cependant, quand elle travaille sur des masses aussi considérables, et sur des objets qui par leur abondance et leur simplicité tendent à se répartir, la statistique court la chance de ne pas se tromper. Les objets de luxe se localisent dans un petit nombre de mains; les produits de consommation première se répandent malgré l'inégalité des conditions. Cette inégalité existe en Russie, comme en Angleterre, comme en France, comme partout; mais on ne peut pas manger du veau indéfiniment. Les denrées de cette nature se répartissent d'elles-mêmes; chaque classe de la société n'en consomme que ce qu'elle peut, et s'il y a dans les estomacs, comme en toutes choses, une aristocratie, elle n'est pas du côté de la grande propriété.

Telle est la situation économique et productive de la Russie; elle a ses avantages, elle est surtout en rapport avec l'état intellectuel et moral du pays. Elle n'est donc point à dédaigner, et lorsqu'on a peu de fortune avec beaucoup d'ambition, il est malséant de se lamenter sur le sort de celui qui en a davantage avec moins de besoins.

Les considérations qui précèdent montrent, si je ne m'abuse, que si la nation russe n'a point encore atteint le degré de prospérité que l'avenir lui réserve, l'État du moins y est dans toute sa force et présente un bel exemplaire de la monarchie, c'est-à-dire :

Une royauté forte, active, incontestée ;

Une noblesse intelligente, dévouée, courageuse ;

Une bourgeoisie naissante qui enrichit l'État sans le troubler ;

Un peuple soumis, patriote et religieux, à qui il ne manque qu'une chose, la vraie religion.

Ai-je écrit ces pages pour le plaisir fade de faire un panégyrique ? à Dieu ne plaise. C'est toujours un pénible devoir, on l'a trop bien vu, que de reconnaître un mérite et des qualités chez un ennemi. Ce devoir est d'autant plus impérieux qu'il est plus difficile à observer. Que l'on se trompe sur ses amis, cela n'est pas défavorable à l'amitié même ; mais il est très-grave de se tromper sur le compte de ses ennemis, car les erreurs d'idées deviennent des fautes dans la pratique et les fautes amènent les déceptions. La masse du public, égarée par des écrivains qui écrivent trop pour peser ce qu'ils écrivent, s'est imaginé voir en Russie des difficultés de gouvernement intérieur, des défections, l'incertitude de la succession au trône, l'esprit de sédition chez les grands, le malaise et la désaffection dans le peuple, toutes les faiblesses du despotisme, là où il fallait voir toutes les forces de la monarchie. Les cabinets de Saint-James et de Saint-Cloud, l'un par habitude, l'autre par respect de la liberté d'écrire, ont permis qu'en dehors de leur action régulière, par un zèle compromettant, ces mêmes écrivains menassent parallèlement à la guerre politique et juste dans son principe que ces cabinets font à la Russie, une guerre d'opinion erronée dans son principe, exagérée dans son but, désastreuse par l'influence qu'elle pourrait exercer sur la conduite des opérations militaires et sur la reprise actuelle des négociations. Les peuples procèdent comme les enfants ; quand on leur donne des prémisses, ils en déduisent avec une logique impitoyable jusqu'aux dernières conséquences. On a fait croire aux masses anglaises et au peuple français que la Russie était un État despotique, une nation barbare, asiatique plutôt qu'européenne, menaçant à tous ces titres notre civilisation : et les masses concluent qu'on peut, en conscience, ruiner un pareil État, lui enlever tout ce qu'il a acquis, vider ses coffres, se jouer de sa dignité et finalement rejeter en Asie ce qui appartient à l'Asie et menace l'Europe. Ces idées aveuglément acceptées par un trop grand nombre de personnes ont paru fausser la guerre d'Orient dans

son but sans rien changer aux moyens qu'on avait
de la conduire, et c'est en cela que le mouvement
de l'opinion publique peut entraver cette liberté
d'action que tout gouvernement doit saisir ou garder quand il l'a conquise.

VI.

Caractère propre à chacune des diplomaties européennes et conséquence qu'il faut en tirer par rapport à la médiation de l'Allemagne dans la guerre d'Orient.

Par une fâcheuse rencontre, au moment où nous voyons l'intervention de l'opinion publique dans les affaires générales de l'Europe s'accroître et tout aggraver, nous voyons s'affaiblir dans une égale proportion la force destinée à prévenir ou résoudre les difficultés qui peuvent surgir entre les États, la diplomatie. Cet accroissement et cette diminution sont deux faits corrélatifs; ils dérivent des mêmes causes. Lorsque par leur essence deux forces sont absolument contraires, il est impossible que ce qui alimente l'une ne fasse pas maigrir l'autre. L'opinion publique se nourrit en plein air, digère vite, procède par entraînement et ne voit jamais qu'un intérêt sur un point où se croisent toujours mille intérêts. La diplomatie étudie en secret, décide avec réflexion, procède avec calme, ménage ou veut ménager tous les intérêts, ceux du jour et ceux du lendemain. Tout ce qui favorise l'exercice de l'opinion publique empêche donc ou rend plus précaire l'art des négociations.

Quand les communications étaient lentes et rares et que les peuples se trouvaient aussi loin les uns des autres que le voulait la géographie, c'était une nécessité pour chaque souverain d'entretenir dans les cours étrangères quelque esprit d'élite chargé d'en pénétrer les maximes et d'en étudier les besoins. L'ambassadeur éloigné de son pays et possédant presque seul, par une longue pratique, la connaissance du pays où il séjournait, était à peu près seul capable d'y représenter et d'y soutenir les intérêts de son maître. On le dirigeait en principe, mais on était forcé de lui laisser une grande latitude dans le détail, et cette situation, cette indépendance, cette responsabilité, développaient en lui des facultés propres et toutes les qualités qui font le bon négociateur. Aujourd'hui, les communications de toutes sortes, si rapides et si faciles, les rapports multipliés des États par le commerce, les voyages, la littérature et le journalisme, mettent à découvert, sous les yeux de tous, les intérêts, les besoins et jusqu'aux pensées de chaque peuple. Il y a sans doute matière à bien des erreurs, à bien des illusions, mais je veux précisément dire que tout le monde aujourd'hui est à portée de se tromper. L'erreur n'est plus un privilége.

Cette rapidité dans les transports a permis qu'il s'opérât, pour l'expédition des affaires diplomatiques, une centralisation analogue à la centralisation intérieure des services publics. Ces affaires maintenant, de quelque nature qu'elles soient, petites ou grandes, se traitent au chef-lieu ; les ambassadeurs ou résidents, sous l'influence de cette centralisation, se transforment peu à peu en de simples représentants chargés de remettre des notes, présenter des mémoires, communiquer des dépêches, et tandis que le centre redouble d'activité, le rôle des extrémités s'est déjà considérablement amoindri. La machine marche peut-être avec plus d'ensemble, mais l'individu s'efface et passe à l'état de rouage obscur. Or, l'homme étant organisé de telle façon qu'il enfle son génie et mesure ses efforts à la grandeur de sa tâche, l'esprit diplomatique s'est raréfié en Europe et n'offre plus les ressources qu'il offrait dans ce siècle illustre, point culminant de la civilisation européenne, pendant lequel on vit fleurir autour de Louis XIV tout ce qui fait la grandeur et le charme de la société humaine.

On remarque aussi que, depuis la révolution française et pendant cette paix ou armistice de trente-neuf ans, il s'est produit, dans la plupart des diplomaties européennes, une tendance alarmante au *généralat*, aristocratie toute trouvée des peuples qui n'ont plus d'aristocratie. Qu'un diplomate soit général, le mal n'est pas grand ; mais qu'un général soit diplomate, la chose est bien différente. L'habitude ou la nécessité de confier à des généraux les missions les plus difficiles ne paraît pas favorable au respect des traditions et à la conservation de l'esprit diplomatique. Un homme de guerre ne saurait être un homme de transactions. Il est, par tempérament, disposé à voir dans la plus simple difficulté un nœud gordien que doit trancher l'épée d'Alexandre.

L'influence des réformes politiques et des progrès industriels a donc affaibli déjà en Europe, dans une certaine mesure, la force pacifique de la diplomatie. Mais l'établissement, indiqué plus haut, d'une sorte de centralisation diplomatique a produit, à son tour, une conséquence grave. Il a déterminé d'une manière plus précise le caractère, le mobile, et, si l'on veut, le ressort de chacune des grandes diplomaties européennes. La conduite des affaires étant plus concentrée, elle s'est réglée dans chaque État sur un principe à peu près exclusif. C'est ce principe particulier, force et faiblesse de chaque État, qu'il s'agit de déterminer ici pour faire bien comprendre le rôle naturellement médiateur de la diplomatie allemande en Europe.

La chute de l'empire byzantin, l'élévation correspondante d'une monarchie grecque à Kiew et à Moscou ; l'alliance des tzars avec la fille du dernier Paléologue ; les durs souvenirs que les croisés d'Occident avaient laissés à Constantinople et dans tout l'Orient où ils s'étaient montrés, avec une teinture de christianisme, plus féroces, plus ignorants et plus intraitables que les Sarrasins ; la domination violente des Turcs ; la décadence et la désunion de patriarchats de l'Église d'Orient ; le voisinage de nombreuses populations grecques cherchant quelque part un mot d'ordre et un représentant respectable, c'est-à-dire fort, de leurs intérêts, de leurs croyances et de leur avenir ; enfin, la philosophie du xviiie siècle promptement dégénérée en illuminisme, ont conduit le gouvernement de l'empire russe à faire de la religion le principal instrument de sa politique au dedans et au dehors. Sous tous les rapports et même sous le militaire, la religion parut à ses yeux comme le plus solide fondement de sa force présente et la plus sûre garantie de sa force à venir. « De tous les ressorts qui portent les hommes à mépriser la vie, dit le général Rogniat dans son chapitre sur la *Métaphysique de la guerre*, le plus puissant est le fanatisme. Il place les récompenses dans un autre monde au delà de cette courte vie, qu'il nous habitue à regarder avec indifférence ; il les représente grandes, parfaites, sublimes, éternelles, et nous les figure, en un mot, au gré de nos désirs ; enfin il nous persuade que c'est pour la plus juste des causes, celle du ciel, que nous combattons contre des hommes pervers, soumis à l'injustice et à l'erreur.... Les Russes ont cet avantage que leur religion marche toujours dans le sens du gouvernement ; les ministres qu'ils emploient dans leurs armées sont soumis, comme les autres officiers, à la discipline militaire ; ils prêchent et animent les soldats suivant l'esprit qui leur est imposé par leurs généraux. La troupe apporte une confiance entière à ces interprètes des volontés du ciel et marche avec indifférence à une mort certaine. C'est en se servant habilement du ressort de la religion que le général Souvarow était parvenu à exalter le courage de ses soldats à un degré qui leur faisait vaincre tous les obstacles. Ce talent assura à ce vieux guerrier des succès presque constants pendant le cours de sa longue et glorieuse carrière. » Mais le gouvernement russe n'a pas seulement donné des prêtres à son armée; il lui a donné des maîtres habiles, et il paraît aujourd'hui que ces soldats, qui meurent volontiers, savent aussi se battre. Ainsi le sentiment religieux, corroboré par l'étude et la pratique de l'art militaire, est à la fois le rempart et le drapeau du gouvernement russe; n'aurait-il pas cependant l'inconvénient de ses avantages, et ce sentiment surexcité n'a-t-il point déjà pesé sur le gouvernement qui ne marche peut-être pas assez vite, au gré du peuple et de l'armée, dans la voie triomphante de l'Orthodoxie? L'opinion publique, soit qu'elle s'inspire des intérêts du ciel, soit qu'elle obéisse aux intérêts de la terre, procède de la même manière impétueuse; elle ne connaît point d'obstacles; elle n'apprécie point la modération, elle n'observe aucune mesure; elle ne vaut pas mieux en Russie qu'ailleurs. D'un autre côté, le gouvernement russe, en appuyant toujours sa politique en Orient sur les intérêts de la religion, n'est-il pas exposé à voir l'influence qu'il en retire confondue avec la prétention à une domination plus radicale

sur la race grecque? Contre une tendance si am-
biguë, il est naturel que les résistances se produi-
sent, que les coalitions essayent de se former et
que les embarras les plus sérieux travaillent un
gouvernement ainsi placé entre les aspirations
religieuses de son peuple et les alarmes politiques
de l'Europe. Cette situation est très-difficile à tenir,
et il faut avouer que le gouvernement russe, pressé
au dedans, suspecté au dehors, puise dans la religion une force qui n'est pas sans dangers. Quicon-
que, dit Voltaire, tient le sceptre et l'encensoir a
les deux mains fort occupées.

La religion n'est pas le ressort politique de la
Grande-Bretagne. C'est un principe moins sublime, mais plus sûr. Ce principe a tous les avantages de sa bassesse; il se produit, se glisse et
s'établit sans qu'on l'aperçoive. Les traités de
commerce sont des victoires où le vaincu peut à
certains égards passer pour le vainqueur. Il y a
une maxime financière admise par les économistes
habiles : c'est que de tous les impôts le meilleur est
celui des contributions indirectes sur les objets de
consommation générale ; parce que le contribuable
ne distingue pas, dans le prix de vente, ce qui représente l'impôt et ce qui représente la denrée.

En étendant cette maxime, on peut dire que de tous les tributs qu'un peuple impose à un autre, le tribut caché sous les traités de commerce est en apparence le plus léger, celui dont la perception soulève le moins de difficultés. On le paye sans s'en douter. Telle est la force de l'Angleterre en Europe et en Asie. L'Angleterre tient les peuples enchaînés dans les doux liens de la consommation ; et parce que cette servitude est douce ; parce que ce pouvoir n'est pas défendu par un million de soldats ; parce que l'Angleterre n'occupe sur la carte d'Europe qu'un espace étroit ; parce que ses positions maritimes les plus importantes ne représentent sous le pinceau des géographes qu'un imperceptible point ; et parce que la mer n'est pas encore considérée comme un territoire, la domination de l'Angleterre, sa prépondérance, son exploitation, son ubiquité soulèvent peu de récriminations. L'Angleterre passe même pour être un agent de civilisation, et il n'y a point, ce semble, de puissance mieux assise que celle qui a l'air de rendre service à toutes les autres. Il faut pourtant prévoir que les peuples ses tributaires, après avoir longtemps profité du funeste bon marché de ses manufactures, sentiront l'utilité de consommer leurs propres produits, la nécessité de façonner de leurs mains ce que l'Angleterre leur prend, leur fabrique et leur renvoie; et que s'il est agréable de consommer des denrées exotiques, il faut savoir aller les chercher soi-même. Mais qui révélera ces durs principes aux peuples oublieux de leur passé, incapables de prévoir ce que l'avenir réserve à leur indolence, uniquement sensibles aux commodités du présent? Les peuples ont-ils assez de force morale pour s'imposer à eux-mêmes la loi du travail? Non; ils veulent jouir d'abord de la liberté qui peut être le fruit du travail et qui n'en saurait être la racine. Il faut donc des gouvernements libres, je veux dire absolus, plongeant dans le passé, maîtres de l'avenir, forts dans le présent, capables d'imposer aux peuples les sacrifices qu'ils subissent, mais ne s'imposent pas. C'est dans l'histoire des monarchies qu'on trouve l'histoire de ces lois protectrices qui gênent d'abord les particuliers pour enrichir bientôt la nation. Cette restauration de l'ordre politique, seul gage assuré de la renaissance ou du progrès des industries locales, étant contraire aux intérêts immédiats du commerce anglais, et le gouvernement anglais se trouvant condamné par métier à protéger ces intérêts, il est impossible que la plupart des princes européens ne soient pas animés, vis-à-vis de l'Angleterre, d'un sentiment d'ombrageuse défiance. Ils ne sauraient oublier l'éloge que la nation anglaise a pensé faire de Pitt : *que ce ministre avait obtenu le plus beau titre à la reconnaissance de ses concitoyens en découvrant le moyen de faire fleurir l'industrie et le commerce anglais pendant la guerre encore plus que pendant la paix.* C'est là en effet la mission de l'aristocratie anglaise. Elle ne conserve ses priviléges et ne gouverne qu'à ce titre, comme les patriciens de Rome qui détournaient sur le monde les orages et les appétits du forum. *Onerosi sumus mundo*, disait Tertullien.

Le principal mobile de la politique française, ce n'est ni la religion, ni le commerce : c'est la gloire. Je parlerai de la France avec amour et liberté. J'embrasse toute son histoire et je vois que cette nation chevaleresque a toujours été religieuse avec mesure, commerciale sans fanatisme et militaire avec passion. Si la Russie trouve surtout sa force dans l'esprit religieux, l'Angleterre dans l'esprit commercial, la France paraît avoir toujours subordonné sa politique à l'esprit militaire, esprit généreux, loyal, mais précipité, sans suite et de peu de rapport. La France donne plus que toute

autre nation de l'Europe dans les Croisades, entreprise grande et vague que la noblesse soutint par
goût des aventures, plus sans doute que par piété,
et qui a produit si peu de résultats que la nation
la plus influente aujourd'hui en Orient est précisément celle d'entre les nations européennes qui
n'y a pris aucune part [1].

A l'autre extrémité de son histoire, la France va
combattre en Amérique pour un établissement qui
est la contradiction la plus flagrante de tous les
principes catholique, monarchique, aristocratique,
sur lesquels reposait la société française. De nos
jours encore la France s'obstine à la conquête plus
qu'à la fécondation d'une terre aride. Nous la
voyons donc arroser tour à tour de son sang précieux l'Asie, l'Amérique et l'Afrique, avant d'avoir
trouvé en Europe la limite naturelle de son territoire, et prouver à l'univers qu'il y a des organisa-
tions d'élite, à qui le luxe est indispensable et qui
se passent du nécessaire.

L'homme est porté par tous ses instincts au midi,
vers le soleil qui caresse tous ses sens, fait éclore
les fleurs, mûrit les fruits, anime le corps, ouvre

1. Je me trompe peut-être. L'expédition des croisades a,
dit-on, produit mille admirables conséquences qui se sont ré-
vélées au bout de six siècles à nos historiens contemporains.

l'espace, berce l'oreille au bruit des flots harmo-
nieux et fait goûter à l'homme les bonheurs cui-
sants et les délicieuses tristesses d'une passion que
le Nord ne connaît pas. Les Barbares obéissaient à
cette tendance par une sorte d'entraînement verti-
gineux dont les documents de l'époque nous ont
conservé de curieux témoignages. *Approchez des
pays du Midi*, écrit Montesquieu, *vous croirez vous
éloigner de la morale même*. Les Barbares le savaient
bien. Arrêtés pour la plupart à moitié chemin de
la Méditerranée par les premières jouissances d'une
région tempérée, ils ont continué de céder à leur
premier penchant, tandis qu'une sévère raison
leur commandait de pousser au Nord, d'où ils
étaient venus, climat moins séduisant, mais plus
propre à la conservation des individus, des races
et des caractères. C'est une particularité frappante
que la France, qui aurait tant d'intérêt à suivre la
trace des Romains nos pères vers le Nord, a toujours trouvé au Midi, sur la trace des Barbares, des
causes de revers, ou d'inutiles succès. Les historiens
contemporains nous accordent ce point, mais ils
possèdent une philosophie qui leur fait trouver des
consolations jusque dans les plus grands désastres.
Ils conviennent, par exemple, que saint Louis,
vainqueur des Anglais à Taillebourg et à Saintes,

néglige de profiter de ses victoires pour aller se faire battre en Égypte et qu'il perd pour son propre compte la liberté qu'il va rendre à Jérusalem en passant par l'Afrique ; que, mal éclairé par cette première école, il repart une seconde fois pour aller convertir, à la tête d'une armée, Mohammed-Mostanser, maître de Tunis ; et qu'ayant fait vœu de croisade à la suite d'une guérison, il meurt de la peste avant d'avoir pris Tunis et catéchisé le Mostanser. Ces mêmes historiens reconnaissent que les croisades, entreprises pour la délivrance de la Terre sainte, ont abouti au triomphe de l'Islamisme à Jérusalem et plus tard à Constantinople : mais les barons ont appris l'égalité chrétienne en souffrant de la peste comme les vilains ; la noblesse est décimée ; les communes s'émancipent ; la royauté se fortifie ; la pêche est introduite en Europe. Ainsi raisonnent nos historiens, et cette méthode ne les quitte pas : elle passe avec eux de l'histoire à la politique, et en vertu de cette idéologie on peut maintenant entreprendre une guerre, comme on jette un coup de filet, sans savoir ce qui en adviendra, mais avec la certitude d'en tirer un résultat quelconque, religieux, littéraire, politique ou fruitier. Les procédés de l'histoire ne sont point des maximes d'État. Posons en thèse de saine politique

que toute guerre doit avoir un but déterminé, et
que si elle ne l'atteint pas, c'est une guerre manquée. Hors de ce principe, il n'y a pas de salut
pour le bon sens. Louis XI ne fait la guerre ni en
Italie ni en Égypte : il saisit avec force et décision
tout ce qui de son temps arrondit, complète et fortifie la France. Mais quel a été le résultat des guerres
d'Italie au xvie siècle? Charles VIII et François Ier
sont de valeureux chevaliers, ce ne sont pas des
politiques. Ils cèdent à l'instinct barbare au lieu
d'obéir à la raison romaine. Sous Louis XIV et
Napoléon, l'erreur fut moins complète. Ce monarque et ce grand capitaine ont voulu s'étendre de
tous les côtés ; il fallait bien qu'ils eussent raison
quelque part. Mais reconnaissons avec le succès, ce
meilleur des maîtres, qu'ils ont eu raison au Nord
et tort au Midi. La succession d'Espagne parut
grevée d'un passif que l'actif n'égalait pas, et,
entre autres causes de déchéance, Napoléon est
tombé pour avoir méconnu que la France s'arrête
aux Pyrénées, et que si les États se fortifient en
prenant leurs limites naturelles, ils s'affaiblissent
en les dépassant. La tendance de la France au Midi
semble donc condamnée à toutes les époques de
son histoire, et il est à remarquer que cette tendance est déterminée par l'instinct barbare ou l'es-

prit militaire plus que par le véritable esprit politique. Analysons cette dernière proposition.

Qu'est-ce qui fait la force de la France en Europe? C'est, disait M. de Talleyrand, *la plus juste
proportion entre la richesse et les hommes.* Mais ce
rapport est bien difficile à fixer ; je serais même
tenté de croire, malgré le respect que je veux avoir
pour les oracles de cet illustre négociateur, que la
France, avec autant d'hommes et plus de richesses,
ne serait pas plus faible. Ce qui explique peut-être
plus clairement la force de la France, c'est qu'elle
est admirablement assise sur les deux mers qui
enveloppent le continent, d'une part sur l'Océan
ou mer universelle, et d'autre part sur cette mer
européenne ou Méditerranée, la plus douce, la
plus commerçante, la plus navigable et la plus for-
tunée de toutes les mers.

L'Espagne seule a la même situation, mais dans
des conditions bien moins avantageuses ; l'Allemagne est resserrée de tous côtés et n'a d'ouverture
que sur deux mers intérieures ; la Russie étouffe
dans la mer Noire, et l'Angleterre n'a obtenu que
par l'artifice de sa politique ce que la France
tient de la nature. Que doit donc faire la France
pour développer la force qui lui est propre? Elle
doit prendre sur l'un et l'autre des deux bassins

toute la position qu'elle peut y occuper sans cesser d'être homogène. Or, au midi, sur la Méditerranée, la France a trouvé son lit entre les Alpes et les Pyrénées. Au delà, ce n'est plus la France, c'est l'Espagne ou l'Italie. Mais au nord, en est-il de même? Évidemment non. Le système territorial dont Paris est la capitale et devrait être le centre, présente à l'Océan un flanc qui s'étend naturellement des Pyrénées à ces larges embouchures par lesquelles la Meuse et le Rhin se jettent dans la mer du Nord. La France va de Bayonne à Bois-le-Duc. Qu'est-ce que la ligne des forteresses construites par Vauban, et qu'est-ce que Dunkerque? C'est une frontière de nécessité, une frontière factice, représentant un état de choses provisoire et précaire; tranchons le mot, c'est une étape. Montesquieu, qu'on ne peut se lasser de citer, soit qu'il fasse briller son esprit, soit qu'il fasse parler la raison; Montesquieu remarque qu'en France, par un bonheur admirable, la capitale se trouve plus près des différentes frontières, justement à proportion de leur faiblesse, et que le prince y voit mieux chaque partie de son pays à mesure qu'elle est plus exposée. C'est là sans doute un avantage, ou, pour mieux dire, un palliatif. Une politique large et puissante doit chercher à couper le mal dans sa racine. Entre une frontière bien gardée et une frontière qui se garde d'elle-même, le choix n'est pas douteux. Mais cela, dit-on, ne se choisit pas. On a raison de le dire. Une frontière se conserve. Si elle change, ce doit être avec le concours des volontés étrangères. Si donc la France a des intérêts commerciaux, maritimes et militai- res qui lui font désirer, dans un avenir plus ou moins éloigné, un meilleur règlement de sa fron- tière du nord, elle doit préparer pour cet avenir, ou du moins ne pas rendre impossible le système d'alliance d'où peut dépendre ce règlement. L'es- prit militaire a toujours porté la France au Midi; l'esprit politique doit ramener, sinon ses efforts im- médiats, du moins sa pensée constante vers le Nord.

Le caractère de la politique allemande, ce n'est ni la religion, ni le commerce, ni la gloire; c'est le caractère même de la politique humaine, c'est le principe et la vraie fin de toute diplomatie, c'est le génie des transactions. Le perpétuel anta- gonisme des différents membres de la Confédéra- tion, le nombre et la complexité de leurs rapports, sont éminemment propres à développer dans l'es- prit des politiques de l'Allemagne la faculté diploma- tique par excellence. Aussi voyons-nous Francfort,

Vienne et Berlin succéder à l'ancienne Venise et à Constantinople comme écoles de diplomatie. Et si tel est le caractère particulier de la politique allemande, si elle est plus qu'aucune autre capable de trouver un expédient, ingénieuse aux accommodements, fertile en transactions, je conclus qu'elle possède en elle-même les qualités d'un bon médiateur et qu'elle doit les utiliser, dans les conjonctures présentes, au profit de la paix européenne.

Tout s'enchaîne et se lie dans l'homme et dans la société ; les facultés individuelles s'adaptent aux situations générales, les événements aux constitutions, et la Providence donne toujours aux États de quoi se perdre et de quoi se sauver.

Il résulte, si je ne m'abuse, des considérations successivement émises dans cet écrit, que la politique médiatrice des cours de l'Allemagne dans la guerre d'Orient dérive des circonstances qui ont accompagné la naissance et le développement de la crise actuelle ; qu'elle dérive aussi de la nature du corps germanique dont la Prusse et l'Autriche sont les deux organes extérieurs, et que si enfin les difficultés d'une pareille politique sont nombreuses, elles ne sont pourtant pas insurmontables au génie de la diplomatie allemande.

Après avoir ainsi posé l'utilité et la possibilité de la médiation de l'Allemagne, j'aurais voulu indiquer et discuter les points sur lesquels elle devra porter. Mais je laisse de côté cette partie, la plus importante de mon sujet. J'ai montré la voie; c'est au lecteur à la parcourir. L'avouerai-je? sur des questions si hautes, il faut du courage pour fixer les principes, mais il en faut bien davantage pour tirer les conséquences. On craint d'en avoir trop dit; on craint de n'en pas dire assez. L'esprit hésite, les mains tombent, et l'on abandonne à elles-mêmes ces feuilles qui sont le travail d'un jour et la lecture d'un moment.

Paris, 15 mars 1855.

DOCUMENTS.

NOTE DU 8 AOUT 1854.

Vienne, le 8 août.

Le soussigné, ministre des affaires étrangères de Sa Majesté Impériale Royale Apostolique s'empresse d'accuser réception de la Note que S. E. le comte de Westmoreland lui a fait l'honneur de lui remettre le 8 de ce mois, et déclare à son tour qu'il résulte des communications confidentielles qui ont eu lieu entre les cours de Vienne, de Paris et de Londres que, conformément au passage du protocole du 9 avril dernier, par lequel l'Autriche, la France et la Grande-Bretagne se sont engagées, d'accord avec la Prusse, à chercher les moyens de rattacher l'existence de l'empire ottoman au système général de l'équilibre des puissances en Europe, les trois puissances sont également d'avis que les rapports entre la Sublime Porte et la cour impériale de

Russie ne peuvent être établis sur des bases solides et durables : 1° si le protectorat exercé jusqu'à présent par la cour impériale de Russie sur les principautés de Valachie, de Moldavie et de Servie ne cesse pas à l'avenir, et si les priviléges accordés par les sultans à ces provinces, dépendances de leur empire, ne sont pas mis sous la garantie collective des puissances, en vertu d'un traité à conclure avec la Sublime Porte et dont les dispositions régleraient toutes les questions de détail ; 2° si la navigation du Danube à son embouchure n'est pas affranchie de tout obstacle et soumise à l'application des principes établis par les actes du Congrès de Vienne ; 3° si le traité du 13 juillet 1841 n'est pas revisé par les hautes parties contractantes dans l'intérêt de l'équilibre des pouvoirs en Europe ; 4° si la Russie n'abandonne pas la prétention d'exercer un protectorat officiel sur les sujets de la Sublime Porte, à quelque religion qu'ils appartiennent, et si la France, l'Autriche, la Grande-Bretagne, la Prusse et la Russie ne s'accordent pas à obtenir de l'initiative du gouvernement ottoman la confirmation et l'observation des priviléges religieux des diverses communions chrétiennes, et à profiter, dans l'intérêt de leurs coreligionnaires, des intentions généreuses de S. M. le Sultan, tout en évitant de porter atteinte à la dignité et à l'indépendance de sa couronne.

En outre, le soussigné est autorisé à déclarer que son gouvernement prend connaissance de la détermination de l'Angleterre et de la France de n'accéder à aucun arrangement avec la cour impériale de Russie qui n'implique, de la part de la susdite cour, une adhésion pleine et entière aux quatre principes énoncés ci-

dessus, et que son gouvernement accepte pour lui-
même l'engagement de ne traiter que sur ces bases, se
réservant toujours son libre arbitre sur les conditions
qu'il peut proposer pour le rétablissement de la paix,
s'il lui arrivait d'être forcé de prendre part à la
guerre.

Signé : BUOL.

TRAITÉ DU 14 JUIN 1854.

S. M. l'empereur d'Autriche connaissant pleinement que l'existence de l'empire ottoman dans ses limites naturelles est nécessaire au maintien de l'équilibre entre les États de l'Europe, et que nommément l'évacuation des Principautés danubiennes est une des conditions de l'intégrité de cet empire; étant, de plus, prêt à concourir, par les moyens à sa disposition, aux mesures propres à assurer le but du concert établi entre les cabinets et les hautes cours représentées à la conférence de Vienne;

S. M. I. le sultan, de son côté, ayant accepté cette offre de concours faite amicalement par S. M. l'empereur d'Autriche, il a paru convenable de conclure une convention, afin de régler la manière dont le concours en question sera effectué.

Dans ce but, S. M. I. le sultan et S. M. l'empereur d'Autriche ont nommé pour leurs plénipotentiaires, savoir :

S. M. I. le sultan, Mustapha-Reschid-Pacha, son ministre des affaires étrangères, etc., et S. M. l'empereur d'Autriche, le sieur Charles baron de Brück, son internonce et ministre plénipotentiaire près la Sublime Porte ottomane, etc.;

Lesquels, après avoir échangé leurs pleins pouvoirs, trouvés en bonne et due forme, sont convenus des articles suivants :

Article 1er. S. M. l'empereur d'Autriche s'engage à épuiser tous les moyens de négociations et autres, pour obtenir l'évacuation des Principautés danubiennes par l'armée étrangère qui les occupe, et d'employer même, en cas de besoin, le nombre de troupes nécessaires pour atteindre ce but.

Art. 2. Il appartiendra, pour ce cas exclusivement, au commandant en chef impérial de diriger les opérations de son armée. Celui-ci aura toutefois soin d'informer en temps utile le commandant en chef de l'armée ottomane de ses opérations.

Art. 3. S. M. l'empereur d'Autriche prend l'engagement de rétablir, d'un commun accord avec le gouvernement ottoman, dans les Principautés, autant que possible, l'état de choses légal, tel qu'il résulte des priviléges assurés par la Sublime Porte relativement à l'administration de ces pays.

Art. 4. La cour impériale d'Autriche s'engage, en outre, à n'entrer, vis-à-vis la cour impériale de Russie, dans aucun plan d'accommodement qui n'aurait pas pour point de départ les droits souverains de S. M. I. le sultan et l'intégrité de son empire.

Art. 5. Dès que le but de la présente convention aura été atteint par la conclusion du traité de paix entre la Sublime Porte et la cour de Russie, S. M. l'empereur d'Autriche prendra aussitôt des arrangements pour retirer, dans le plus bref délai possible, ses forces du territoire des Principautés. Les détails concernant la retraite des troupes autrichiennes formeront l'objet d'une entente spéciale avec la Sublime Porte.

Art. 6. Le gouvernement d'Autriche s'attend à ce que les autorités des pays occupés temporairement par les troupes impériales leur prêteront toute aide et facilité, tant pour leur marche, leur logement ou campement, que pour leur subsistance ou celle de leurs chevaux et leurs communications. Le gouvernement autrichien s'attend pareillement à ce que l'on fera droit à toute demande relative aux besoins du service adressée par les commandants autrichiens, soit au gouvernement ottoman par l'internonce impérial à Constantinople, soit directement aux autorités locales, à moins que des raisons majeures n'en rendent la mise à exécution impossible.

Il est entendu que les commandants de l'armée impériale veilleront au maintien de la plus stricte discipline parmi leurs troupes, et respecteront et feront respecter les propriétés, de même que les lois, le culte et les usages du pays.

Art. 7. La présente convention sera ratifiée, et les ratifications seront échangées à Vienne dans l'espace de quatre semaines, ou plus tôt, si faire se peut, à partir du jour de la signature. En foi de quoi les plénipotentiaires respectifs l'ont signée et y ont apposé leur cachet.

Fait en double, pour un seul et même effet, à Bayadji-Krui, le 14 juin 1854.

TABLE DES MATIÈRES.

DOCUMENTS.

TYPOGRAPHIE DE CH. LAHURE
Imprimeur du Sénat et de la Cour de Cassation
rue de Vaugirard, 9